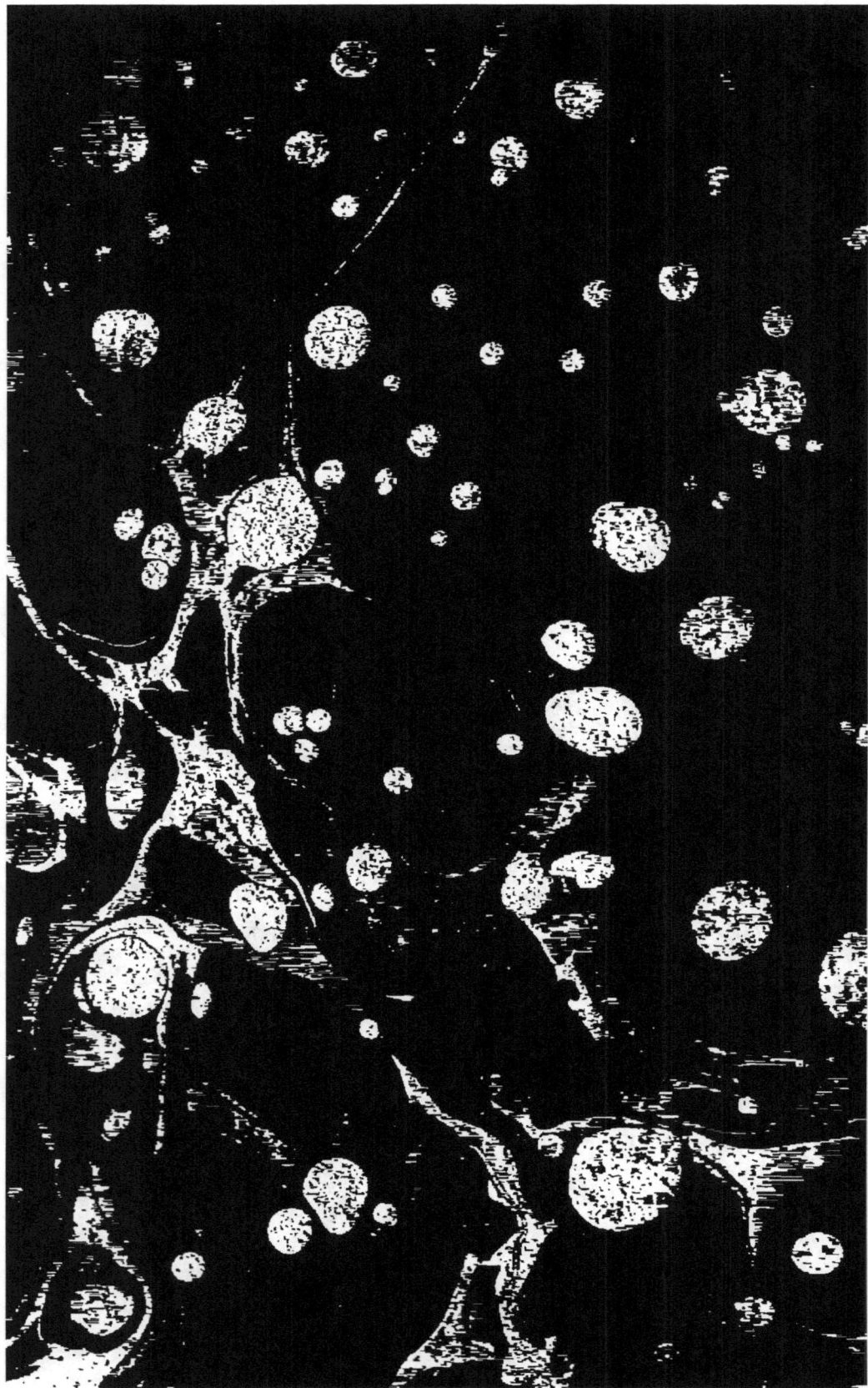

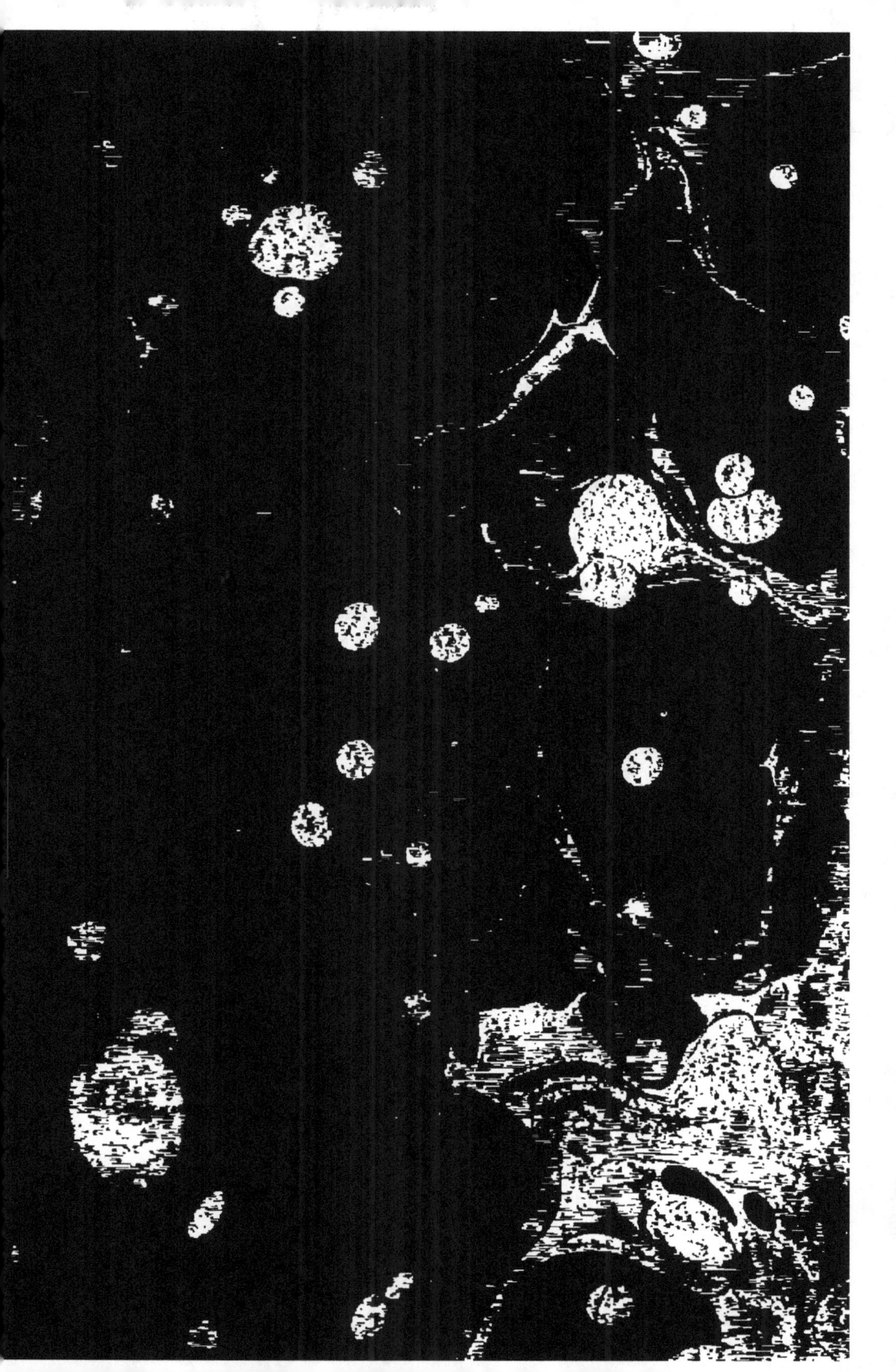

MA

REPUBLIQUE

MA
REPUBLIQUE

AUTEUR ; PLATON.

ÉDITEUR, J. DE SALES.

TOME III.

OUVRAGE DESTINÉ A ÊTRE

PUBLIÉ

L'AN M.DCCC.

DE L'ÉTAT
DE LA FRANCE,

A L'EPOQUE DE SA RÉVOLUTION.

APRÈS un long silence, commandé par la surprise qu'inspirait une pareille série d'évènemens, ma fille, dit le philosophe, ce n'est pas ainsi qu'Epaminondas donna la liberté à Thèbes et Dion à Syracuse. Mais je ne suis pas fâché que toutes les conspirations des peuples contre le despotisme ne soyent pas jettées dans le mê-

Tome III.   A

me moule : puisque les tyrans ont mille moyens de tourmenter le globe, j'aime à voir par l'histoire, que le globe a mille moyens d'écraser ses tyrans.

Une révolution dans l'antiquité, dépendait d'ordinaire d'un homme de génie qui sécouait sa nation, et la rendait capable de grandes choses ; ici c'est la nation entière qui secoue ses hommes de génie, et leur indique les moyens de la régénérer.

Ce qui démontre bien qu'à la différence des petites républiques du Péloponèse, la France s'est portée en masse pour anéantir le pouvoir absolu, c'est qu'au premier signal de l'insurrection donné dans la capitale, le tocsin de la liberté a sonné dans toutes les villes de la monarchie. Le feu sacré du patriotisme n'attendait que l'explosion du foyer pour se propager des Vosges aux Pyrenées, et de la Corse à la Bretagne.

Ce concert singulier, tel qu'aucun empire jusqu'ici n'en a offert le modèle, annonce des esprits préparés lentement par l'influence des lumières. Or, une révolution mûrie par la sagesse des siècles, semble à l'abri de leur at-

A2

teinte. Le législateur qui ne lie ses loix qu'avec le ciment de la raison, bâtit pour l'éternité.

Eponine, tout ce que je viens de lire, et sur-tout le fragment que tu viens d'entendre, m'a fait rêver. Je veux mettre mon code en regard avec la nouvelle constitution française. De ma théorie, appliquée à ce systême de loix, résultera, sous une forme plus sensible pour toi, et sur-tout plus attrayante, l'ouvrage un peu abstrait que j'appelle ma république.

En ce moment l'empereur parut dans la tente ; il était sans decorations, sans gardes ; il n'en faut point, quand le pouvoir vient demender audience à la raison. Ce prince, à qui il importait de connaître l'impression qu'avait faite la lecture de l'histoire de la révolution française , brûlait de mettre sa pensée en commerce avec celle du philosophe. Pour s'attirer encore plus la confiance de ses vertueux otages, il commença par leur faire part des nouvelles récentes qu'un courier venait de lui apporter sur la destinée du Cosmopolite.

A peine ce navire anglais était-il à la bande, que les Turcs jet-

tés dans une des isles du Danube,
instruits de la dispersion momen-
tanée de l'équipage, avaient com-
ploté de rendre au grand sei-
gneur toutes les victimes qu'on
avait arrachées à son despotisme:
quatre des plus audacieux se char-
gèrent de pénétrer la nuit près
du vaisseau pour y enlever les
deux sultanes, et deux autres,
de remonter le fleuve, pour atteindre Eponine et le philosophe.

Cette trame infernale, qui
n'eut pas tout le succès que le
crime en attendait, ne servit qu'à
faire couler un sang précieux à
côté du sang le plus vil. Les deux

Musulmanes étaient assises sur le bord de la rade, à quelque distance des tentes du Cosmopolite : c'était à la fin du jour, et la lumière de la lune commençait à faire pâlir les feux expirans du soleil : les jeunes beautés qui avaient dans le cœur la sérénité qu'elles voyaient régner au firmament, après s'être livrées aux jeux paisibles de leur âge, s'occupaient en silence à voir appareiller un petit navire marchand qui allait se rendre sur les côtes de la France. Les quatre brigands se présentent tout à coup, le cimeterre en main. L'une des sultanes qui les reconnut n'eut que

le tems de se jetter dans la mer:
le petit navire envoya sa chaloupe à son secours : mais on ignore
si les matelots purent la recueillir
avant qu'elle fut engloutie par
les flots : au milieu du tumulte
de cette scène terrible, le navire
leva l'ancre et mit à la voile.

Cependant les cris des deux
infortunées avaient fait sonner
l'alarme dans toutes les tentes du
Cosmopolite : pendant que celle
qui était restée sur le rivage se
débattait entre les mains des ses
ravisseurs, le com odore accou-
rut avec un petit nombre de soldats. Le combat fut aussi vif qu'il

pouvait l'être entre le courage qui veut vaincre et la férocité qui veut mourir. Les quatre musulmans y périrent. Celui qui paraissait le chef, avant d'expirer eût encore la force de poignarder la sultane. Je meurs content, dit-il au commodore, je te ravis le prix de ta victoire, il n'a pas tenu à moi que ton navire, percé de mes mains ne périt avant d'atteindre au port. Tu nous regardes comme les vils esclaves d'un despote : saches que ces esclaves, quand ils ont du caractère, peuvent apprendre aux hommes libres à se venger et à mourir.

A 5

Les deux scélérats qui étaient à la poursuite du philosophe et de sa fille, remontèrent le Danube, comptant les momens où leur proie aborderait sur l'une des deux rives, pour s'en rendre les maîtres. Ils la virent en effet sortir de la chaloupe pontée, le jour du combat entre les Autrichiens et les assiégés de Belgrade ; ils n'osèrent l'attaquer en ce moment, à cause des matelots qui servaient de cortége ; mais quand les voyageurs entrèrent seuls dans la forêt, ils les suivirent de loin sans bruit et sans se montrer ; sûrs de ne trouver aucune résistance dans un vieillard et dans une femme, ils leur permirent de s'égarer dans les issues nouvelles qu'ils se frayaient, attendant le silence et la solitude, pour prendre leurs victimes.

Ce moment terrible arriva bientôt. Le vieillard et sa fille, excédés de fatigue, s'étaient, comme nous l'avons vu, couchés le long du torrent, et appellaient le sommeil qui devait réparer leurs forces, lorsque les brigands se dirent entre eux : il est tems de servir la vengeance du sultan : fondons sur nos ennemis, et si leur faiblesse les empêche de

A 6

nous suivre, portons leurs têtes
dans Belgrade.

Toutes les fois que le crime
veille, la justice céleste ne dort
pas : à l'instant où les scélérats
tiraient leurs cimeterres du fourreau, deux inconnus s'élancent
sur eux, l'épée à la main, et les
font tomber morts à leurs pieds.
Un des vainqueurs reçut dans le
combat une blessure profonde,
prononça doulouresement le
nom d'Eponine, la vit accourir
et disparut.

Tel est le fonds du récit que
Joseph fit à ses ôtages, récit que
j'abrège parce que l'histoire en

comporte peu les faibles détails. Le vieillard, que l'habitude de la philosophie apprenait à se composer, parut l'écouter de sang-froid. Mais Eponine, plus près de la nature, ne voila point l'intérêt qu'il lui iuspirait : cachée modestement derrière son père, quand l'empereur entra, elle s'était insensiblement approchée du prince, et sur la fin de la narration, elle en était si voisine qu'elle semblait respirer son haleine. Ce ne fut qu'au silence de l'empereur, que la jeune Grecque, s'appercevant qu'elle avait manqué à la bienséance, alla cacher sa rougeur dans les bras de son père.

Eponine voulait interroger le prince sur la blessure de son libérateur, et un mouvement inconnu l'arrêtait : elle ouvrait une bouche timide, et sa voix expirait sur ses lèvres : l'empereur qui suivait tous ses mouvemens, qui voyait son sein s'élever avec une force qui trahissait son émotion, eut la générosité de lui épargner l'embarras de sa demande. Eponine, dit-il, les jours du protecteur de l'infortune et des graces, sont en sûreté : on m'a indiqué un hermitage dans la forêt, où il a trouvé un asyle. Le guerrier qui l'accompagnait ne le quitte pas un seul moment : moi-même, respectant le secret de cet inconnu, j'ai envoyé le premier médecin de mon camp, sous un nom étranger, pour veiller à sa prompte guérison; puisqu'il veut que vous ignoriez son service, je prétends aussi qu'il ignore mes bienfaits. Je sens comme lui qu'il y a quelque chose de grand à obliger et à dispenser de la reconnaissance.

Eh bien, mon père, dit Eponine, vous venez de l'entendre! Il est sensible, et il est roi!.Combien son ame est au-dessus de sa renommée! Que lui manquet'il donc pour être tout à. fait Marc-Aurèle ?

Il me manque dit le prince, de n'avoir pas eu le courage de préférer la voix sévère de l'amitié à l'adulation, qui fatiguait jusqu'à mon despotisme Aujourd'hui que le ciel jette Platon dans mes bras, sa présence semble répandre un nuage sur tout ce qui s'est écoulé de mon règne ; je croyais avoir fait quelque chose pour la gloire, et la philosophie, qui me désabuse, ne me donne droit peut-être qu'à une frivole célébrité. J'ai voulu affranchir l'Europe de la tyrannie des papes, et n'ai pu les détrôner

dans l'opinion des peuples : j'ai
tenté de rendre Rome, qui m'é-
tait étrangère, aux lois de la nature, et le Brabant, mon patri-
moine, est sur le point d'échapper aux miennes. La longue inertie des sultans me présageait des
palmes faciles dans la conquête de
Constantinople, et après avoir
fait répandre inutilement le sang
de trois cents mille hommes, je
ne suis pas encore maître de
Belgrade.

Et voilà, dit le philosophe, ce
qui devrait désormais dégoûter
tous les princes de l'Europe de
l'ancienne routine sur l'art de

régner. Depuis l'avènement de la raison, on n'honore plus que du nom de brigandage les guerres de convenance, si célébrées par l'ancien machiavélisme ; les conquêtes qui, jusqu'à Charles XII, firent la gloire des souverains, ne sont plus aujourd'hui qu'un attentat contre le bonheur des hommes, que le héros doit expier.

Il y a déjà quelque tems, reprit Joseph, que je m'apperçois de cette révolution dans les esprits, qui tend à dénaturer toutes les idées reçues, et à changer peu à peu la base de tous les gou-

vernemens. Lorsque je parcourus
la France, sous le titre de Fal-
kenstein, je vis qu'on étudiait en
moi l'homme bien plus que l'héritier du trône des Césars. Ce
n'était plus la cour qui, à cette
époque, donnait ses opinions à la
capitale, comme sous Louis XIV;
c'était la capitale, forte de toute
la liberté de penser, qu'elle tenait
de l'école de Montagne et de
Montesquieu, qui faisait plier
sous le joug de ses idées le despotisme de la cour. Louis XVI
lui-même, qui pouvait gouverner
ses états avec l'insouciance abso-
lue de son ayeul, était contraint,
pour ne point heurter de front

le progrès des lumières, d'appeller auprès de lui les Turgot, les Malesherbes et d'autres ministres philosophes. Ce beau trône une fois conquis par la raison, il faudra bien que peu à peu tous les autres entrent dans la monarchie universelle. Le sort de l'Europe semble à cet égard attaché à celui de la France, et voilà ce qui me fait desirer de lire d'une manière saine, l'histoire de son insurrection.

Sire, dit le sage, j'ai veillé pour remplir votre attente : outre le fragment historique sur la révolution, dont mon Eponine était digne d'entendre la lecture , j'ai dévoré l'insipide fatras des li- belles , que les enthousiastes des deux partis vous ont envoyés; par- tout j'ai cherché les faits , qui sont l'ame de la discussion , et la raison philosophique des faits sans laquelle il n'y a point d'his- toire.

Je ne vous demanderai point la permission de m'exprimer avec cette fierté qui caractérise l'indé- pendance de tout préjugé. Cette froide prudence compromettrait la haute estime que vous m'ins- pirez. Sans doute que quand vous avez eu le courage , en entrant ici, de déposer le titre d'empereur, vous vous êtes promis d'en sortir philosophe.

Sire, je dirai hautement que la révolution française, telle qu'elle est aujourd'hui, est un des pas les plus hardis que l'esprit humain ait fait vers sa perfectibilité. Il ne faut la mettre en parallèle avec aucune des belles conjurations qui organisèrent les anciennes républiques. Dion, Brutus, Epaminondas, et tous ces illustres perturbateurs de Rome et du Péloponèse, ne songèrent qu'à rendre quelques états libres, et il s'agit ici de jetter les fondemens de la liberté et du bonheur de l'univers.

Mais je déclarerai avec la même franchise, que cette révolution, toute hardie qu'elle paraît, est bien loin d'avoir acquitté la dette qu'elle semblait avoir contractée avec la raison.

Pour voir d'un coup-d'œil l'intervalle immense qui sépare ce qu'a été l'insurrection française sous la main des patriotes plébéiens, à qui elle est due, avec ce qu'elle aurait pu être, si elle n'avait eu pour mobile que le cours insensible des évènemens, il suffit de ne pas perdre de vue le grand principe, que la France, l'état le plus éclairé de l'Europe, ne doit la belle constitution, qu'on la force d'accepter, qu'au progrès de ses lumières.

Le germe de cette constitution se trouvait dans cette foule d'excellens ouvrages philosophiques que le crédule Louis XV espérait d'anéantir avec ses lettres-de-cachet et ses arrêts de mort.

Le ministre philosophe Turgot, avait essayé de mettre en pratique cette théorie audacieuse, qui part de la liberté de penser,

ser, commune à tous les hommes,
pour arriver au système primor-
dial d'égalité : et telle était à cet
égard l'empire irrésistible de l'o-
pinion, que quand le faible Mau-
repas, épouvanté de tout ce que
méditait le génie de cet homme de
bien, le renvoya de la cour, il se
vit obligé de le remplacer par un
républicain de Génève, qui de-
vint aussi un ministre philosophe.

Il existait alors un parlement de
Paris, qui, suivant les usages des
corps, n'ayant jamais que l'esprit
du siècle où il ne vivait plus, présentait comme des nouveautés
dangereuses tout ce qui tendait

Tome III. B

à améliorer l'espèce humaine ;
mais en vain avait-il enregistré,
sans la plus légère modification,
l'abominable édit qui dévouait
les penseurs au supplice, jamais
il ne brava assez l'opinion publique pour faire tomber les têtes
des sages sous le fer des bour-
reaux : il est vrai qu'il se conso-
lait un peu, en dévouant les livres
au bûcher, de n'y pas envoyer
les philosophes.

Deux hommes de génie ont
conquis leurs contemporains ;
Rousseau en déployant les fou-
dres de son éloquence, Voltaire
en faisant valoir avec adresse

l'arme légère du ridicule ; tous les deux ont essuyé les proscriptions des gouvernemens et les anathê-mes du sacerdoce, et tous les deux vainqueurs, en mourant, de leurs juges, ont annoncé que la raison les vengerait par l'humi-liation des gouvernemens et la chûte du sacerdoce.

Il fallait que cette raison fût déjà bien puissante en France, il y a quelques années, puisque dans la crise violente où se trou-vaient ses finances, elle ne trouva pas d'autre remède que celui d'as-sembler la nation. Ceux qui de-vaient le plus y perdre, y con

coururent avec le plus de zèle ;
le frivole Calonne , qui sentait le
ministère s'échapper de ses mains :
les parlemens qui allaient trouver
des vengeurs de ce peuple qu'ils
avaient tenu si long-tems courbé
sous le glaive de leurs loix arbi-
traires ; le roi qui , pour conserver sa couronne , allait abdiquer
sa souveraineté.

Et il était impossible de s'abuser , et par rapport à l'empire que
les lumières prendraient sur les
représentans de la France , et par
rapport à celui que les représentans eux-mêmes prendraient sur
le trône et sur la nation. Tous les

bons livres qui paraissaient depuis quarante ans annonçaient la
nécessité de remettre debout, à
l'aide du levier de la philosophie,
la machine affaissée du gouvernement; et pour y réussir, il fallait que tous les pouvoirs s'anéan-
tissent un moment devant la dic-
tature formidable des législateurs.

La raison à cet égard n'em-
prunta pas la marche oblique et
tortueuse du machiavélisme : elle
dit ouvertement : afin de tout re-
construire, je dois tout renver-
ser. Elle ajouta, je veux régir à
mon gré le sceptre de l'opinion

B 3

pour faire le bien avec quelqu'énergie.

Lisez, sire, quelques cahiers
du tiers, certaines doléances des
villes, sur-tout la fameuse instruction philosophique que le duc
d'Orléans fit composer par l'abbé
Sieyes pour l'instruction de ses
bailliages, vous y verrez sans voile
ces deux dogmes du nouvel évan-
gile qui était sur le point d'é-
clorre : l'un que l'édifice gothi-
que de la législation française
avait besoin d'être refait du comble à la base : l'autre que le plan
des architectes serait manqué si
on ne les faisait pas dépositaires de
la toute puissance.

Ajoutons à toutes ces considérations, la liberté indéfinie accordée à la presse, liberté qui, malgré le cynisme d'un si grand nombre de sophistes, appellés à en abuser, devait concentrer tant de rayons épars dans un seul foyer; et il sera impossible soit de méconnaître le germe de la révolution française dans le progrès des lumières, soit de ne pas pardonner à des souverains éphémères quelques abus de pouvoir.

Amenés par la série des faits à ce résultat, plaçons sous divers points de vue un grand état qui s'agite en tous sens à l'approche des lumières, et examinons comment il recevra le grand bienfait de sa régénération.

Si l'état est neuf, il sentira moins la nécessité de changer sa constitution, parce que ses mœurs suppléent à ses loix. Cependant peu à peu la raison débarassera le gouvernement de tous les corps hétérogânes qui en gênaient la marche, les abus se réformeront d'eux - mêmes : le bien se fera sans l'appui des factions, et on sera tout étonné d'arriver par deux voyes au bonheur, par les lumières et par la vertu.

Telle eut été Philadelphie, si l'illustre Penn, qui d'ailleurs a si bien mérité du genre humain, avait permis à la philosophie anglaise de se transplanter dans le nouveau monde : quelques générations après la mort de ce législateur, le code imparfait qu'il avait donné à ses primitifs, se serait épuré : les amis de la paix n'auraient pas eu besoin de faire couler le sang humain pour s'ériger en république, et on aurait sauvé à l'Europe le spectacle de la guerre scandaleuse entre une colonie et sa métropole.

Si l'état est dans sa maturité ;

l'époque où la raison le régénère ;
comme le ressort de ses mœurs
est déjà un peu affaibli, il sentira
davantage le besoin de se créer
une sauve-garde contre toute espèce de tyrannie ; et il arrivera
avec effort peut-être mais sans
crise violente à la réforme des
vices de son gouvernement.

Telle a été l'Angleterre, il y a
précisément un siècle, lors de la
fuite de ce faible Jacques II qui,
croyant à l'infaillibilité des papes
plus qu'à celle de la raison, pré-
féra les bénédictions stériles du
saint-siége à ses trois couronnes :
on discuta à Londres dans le par-

lement, avec tout le sang-froid philosophique, les grandes questions sur la souveraineté, sur les droits des peuples antérieurs à ceux des rois, sur l'équilibre des trois pouvoirs; on y examina en particulier s'il y avait un contrat primitif entre le trône et les peuples, et si ce contrat avait été violé par le dernier des Stuards; quoique le prince d'Orange, le plus ambitieux des hommes, se tint caché derrière le rideau, grace aux lumières qui préparaient la révolution, on n'ensanglanta pas la scène; Jacques II, se trouva détrôné plus paisiblement encore que le Théodore moderne de la Corse , et l'orgueil de Louis XIV qui le protégeait, ne le sauva pas de l'opprobre d'être oublié. En attendant se formait cette magnifique constitution anglaise que je regarde comme la pierre d'attente , sur laquelle reposera tout édifice social qu'on voudra consacrer à la liberté des mondes.

Enfin, il peut se faire que la régénération d'un empire, par le secours des lumières, ne s'opère que , lorsqu'affaissé par un luxe dépravateur, il ne semble plus lui rester de ressources que pour achever de se corrompre et des forces

forces que pour se détruire. Cette position terrible est celle où se trouvait la France quand elle voulut être libre. Arrêtons un moment nos pinceaux sur cet instant critique, et voyons l'effet qui a dû résulter, de la lutte entre la dégradation de l'esprit public et le progrès des lumières.

La France étant un état absolu, il ne faut chercher l'esprit public qu'autour du trône : car tel est l'effet du despotisme qu'il condamne à l'oubli toutes les existences, excepté la sienne. C'est le Saturne de la mythologie, qui ne

Tome III. C

protège ses enfans à leur naissance que pour les dévorer.

Or, il est démontré que depuis
l'abominable ministère du cardi-
nal Dubois, il n'y avait d'esprit
public autour du trône français,
que celui de la perversité. La
prostitution des mœurs sous l'empire des favorites, l'or et la bas-
sesse donnant le droit de tout
oser, les titres et les faveurs cou-
vrant dans les places les plus émi-
nentes l'opprobre ou la nullité;
tout annonçait qu'à la cour magnifique de Périclès avait succédé
la cour dépravée de Claude et
d'Héliogabale. En vain Louis XVI,

ami des mœurs, tenta-t-il de rendre sinon à la vertu, du moins à la décence, toute cette troupe d'eunuques décorés et de nobles courtisannes qui formaient aux yeux du préjugé la pompe du trône; l'exemple du maître ne put atteindre le cœur cangrené de ces esclaves. Seulement ceux qui aspiraient à la faveur, eurent l'art de joindre à l'horreur de leur vie le vice qui en est le terme, l'hypocrisie.

Comme cette cour était le centre unique de tous les pouvoirs et qu'avec ses intendans, ses chefs de cours souveraines et ses gouverneurs de province, elle composait un immense réseau avec lequel elle enveloppait l'état entier, on peut dire qu'à l'époque de la révolution, la France n'offrait à l'Europe d'autre esprit public que cet esprit de vertige et de dégradation qui amène la chûte des monarchies.

Quelle était donc la masse des citoyens sur laquelle devaient frapper les lumières, lorsque la France voulut se remettre debout, sans employer le levier odieux de la conquête ?

Ce ne pouvait être le peuple ;

plongé par-tout dans la plus
profonde ignorance, abruti à la
fois par le culte et par le gouvernement, prosterné devant le
prêtre qui corrompait sa morale
et devant l'intendant qui s'abreu-
vait de sa sueur et de ses larmes:
d'ailleurs, sa misère le tenait
courbé nécessairement dans sa
fange; il était trop occupé du
soin de ne pas mourir, pour songer qu'il avait une intelligence.

Les lumières avaient entouré
de quelques rayons la classe des
grands; mais le grand nombre
qui avait besoin d'exercer dans
l'ombre sa sourde tyrannie, ne

C 3

connaissait la raison que pour s'indigner de ses progrès : aussi jamais les ouvrages destinés à propager la liberté de penser, ne trouvèrent d'ennemis plus ardens qu'autour du trône ; un la Vrillière, un Richelieu, et tous les héros du jour, qui craignaient d'être démasqués, assimilaient sans pudeur les philosophes avec les scélérats à système, qui sont les ennemis nés du ciel et des hommes.

C'était donc dans l'ordre intermédiaire, qu'il fallait chercher les citoyens généreux qui ne désespéraient pas de la chose publique,

et qui, malgré les tables de proscriptions dressées par le pouvoir,
et les terreurs de la multitude,
croyaient encore qu'on pouvait
aller par les lumières à la vertu.

Cette classe moyenne, toujours
la plus respectable dans les monarchies, parce qu'elle n'a ni les
préjugés du peuple ni la perversité des cours, comptait dans son
sein une prodigieuse quantité
d'individus tous isolés, tous mar-
chant contre l'ennemi des mœurs
et de la liberté, sans chef et sans
drapeau; tous n'ayant d'autre si-
gne de ralliement que cette raison
universelle qui éclaire en tout

tems, quand on a le bon esprit
de la consulter.

A la tête de cet ordre intermédiaire étaient les gens de lettres, qui suivant la considération
dont ils jouissent, font et défont
les renommées, et qui, grace au
sceptre de l'opinion que la raison
leur a remis, semblent tenir dans
leurs mains la destinée des monarchies.

Après eux il faut mettre cette
foule de gens de loi, occupés
dans les villes à défendre la veuve
et les orphelins, à donner des
conseils à l'infortune, à protéger

la faiblesse contre la force; et qui
joignant à une éducation cultivée
la double fierté que donne une
profession pleine de noblesse et
une honnête pauvreté , offrent
une confédération tacite , contre
laquelle viennent se briser à la
longue toutes les espèces de tyrannie.

Le torrent de lumières entraînait
aussi dans cette classe moyenne
un grand nombre de transfuges,
soit de l'ordre de la noblesse ,
soit de celui du clergé : et ces
hommes d'élite , dégagés de tout
préjugé de corps , faisaient , par
leurs noms distingués , un poids

dans la balance ; car il faut des noms à un état dégradé qui se relève, pour donner une sorte de majesté à son insurrection.

Je diviserai donc la France à l'origine de la révolution en trois castes, aussi essentiellement distinguées que celles de l'Inde : la partie qui était inaccessible aux lumières, la partie qui craignait les lumières, et le corps intermédiaire qui accélérait le progrès des lumières.

Il est bien évident que la guérison des blessures de l'état ne pouvait partir que du corps intermédiaire, qui avait assez d'intelligence pour deviner le remède et assez de courage pour le diriger.

Mais ce corps se trouvant placé entre les derniers membres du corps politique qui ne voyaient pas les désordres du gouvernement, et les chefs qui vivaient de ses désordres, il était difficile d'imiter l'Angleterre à l'avènement du prince d'Orange, et d'arriver sans secousses à la régénération.

Il s'agissait d'éclairer à la fois la multitude et de faire trembler le pouvoir. Telle fut l'origine de l'insurrection, et peut être son apologie.

PREMIER TABLEAU

D'UNE RÉVOLUTION

QUI N'AURAIT EU QUE LA RAISON POUR AGENT ET POUR MODÈLE.

LE vieillard épuisé de fatigues, sentant sa voix s'éteindre, n'avait pu prolonger le tableau de ses vues philosophiques sur la révolution française, au de-là du principe qui amena l'insurrection. Le lendemain il se rendit avec Epo-

nine dans la tente de l'empereur :
ce n'est point ici, mon cher philosophe, dit le prince, que je
puis m'éclairer avec toi : trop de
regards nous assiègent, trop de
petits devoirs m'importunent;
d'ailleurs, ni ces superbes altesses, qu'en qualité de chef de
l'empire je traîne toujours avec
moi, ni mes généraux mêmes,
dont les cheveux ont blanchi dans
l'exercice de la guerre, ne sont
dignes de t'entendre organiser le
monde, avec les élémens de la
paix et de l'égalité; la patrie des
uns est la cour d'un despote,
colle des autres est un champ de
bataille.

Il y a quelque tems, ajouta-t-il, que je me suis formé une espèce de Portique d'Athènes, avec le kiosque d'un Bacha, situé sur une montagne à quelques lieues de Belgrade : là, je vais de tems en tems interroger, sur l'art de régner, des morts illustres, tels que Plutarque, Tacite et Xénophon. Sage vieillard, et vous, moderne Aspasie, venez un moment les remplacer ; j'ai besoin que l'éloquence persuasive d'Eponine tempère un peu la philosophie hardie de son père, pour que je pardonne à la France sa révolution.

Des chevaux et un cortège de

soldats d'élite, commandés par le nouvel officier, fait l'avant-veille dans la forêt, attendaient les ordres de l'empereur hors de la tente : on partit à l'instant ; arrivé à la vue du kiosque, le prince ordonna à sa suite de l'attendre au pied de la montagne, et monta à pied une avenue très-rapide, donnant le bras à Eponinê, qui soutenait de son autre main la démarche chancelante de son père. Ce tableau rappellait involontairement les Alcinoüs, les Nausicaa, et tous ces héros si simples et si grands, qu'on ne rencontre plus que dans les poèmes d'Homère, et dans l'âge d'or.

Il était difficile de voir un site plus romantique que celui du kiosque. L'architecte musulman l'avait adossé à un rocher taillé à pic, dont l'œil le plus intrépide n'osait mesurer la profondeur; mais le côté de l'avenue, enrichi du pied de la montagne jusqu'au sommet, de tous les trésors de la végétation, présentait une alternative pittoresque de terrasses, décorées de bosquets et de nappes d'eau, dont l'ensemble donnait quelqu'idée des antiques jardins de Sémiramis.

Comme malgré sa grande hauteur, la montagne du kiosque

était parfaitement isolée, on jouissait, sur la dernière plate-forme d'une vue que rien ne pouvait circonscrire ; l'empereur prit plaisir à en expliquer tous les détails à ses respectables otages : sur-tout il appuya sur ceux qui pouvaient donner à son ame quelque jouissance : vous voyez, disait-il, toute cette partie de la forêt qui s'étend du fleuve jusqu'à mon camp de Belgrade. Ici vous avez rendu un soldat généreux à la vie, et son juge terrible à la vertu : là poursuivi par mes ennemis et abandonné par mes soldats, j'ai trouvé des guides et des libérateurs. Plus loin se trouve l'hospice où respire

dans les angoisses de la douleur le
sauveur d'Eponiue. —— Pardon-
nez , sire, dit avec feu la fille du
philosophe , mais je ne vois pas
distinctement cet asyle: (en effet,
quelques larmes de la reconnaissance, qui roulaient dans ses beaux
yeux , les couvraient alors d'un
nuage) —— C'est dans cet enfon-
cement , reprit le prince , entre
le bouquet de Melezes et le torrent qui va se perdre dans le
Danube.

Comme le ciel était couvert de
nuages qui interceptaient les feux
du jour , on choisit, pour conti-
nuer l'entretien philosophique de

la veille, la terrasse qui couron-
nait le kiosque ; je ne sais, dit le
sage, mais il me semble que mon
ame s'élève à mesure que je quitte
la terre. Les régions aëriennes
circonscrivent moins l'essor de
ma pensée : je suis plus moi-même,
quand les plaines du ciel s'ou-
vrant tout à fait devant mes yeux,
je puis m'élancer librement dans
le sein de la nature.

Après un quart d'heure de silence, où le philosophe tout entier à la contemplation, semblait
n'exister que par son intelligence,
sire, dit - il, vous savez combien
dans cet horison immense qu'à

peine la vue peut embrasser, il
y a pour le voyageur qui le parcourt, d'inégalités de terrein à
vaincre, d'éminences secondai-
res à franchir; cependant à la
hauteur où nous sommes, toutes
les éminences se fondent, toutes
les inégalités disparaissent, et la
vaste région qui nous sépare de
l'embouchure du Danube nous
paraît aussi unie que l'est dans un
calme parfait la surface du Pont-
Euxin; cette illusion d'optique
rend sensible l'erreur de la philosophie, quand elle veut appliquer
une théorie qui se perd dans les
nuages, à la marche terre-à-terre
de la politique sociale. Il faut

qu'un Lycurgue, après avoir créé
de toute la hauteur de son enten-
dement, la grande machine de sa
législation, la dépose doucement
sur le sol destiné à la recevoir,
afin de calculer les frottemens qui
doivent en retarder les effets :
car on n'organise pas plus les em-
pires avec la métaphysique des
loix qu'on ne parcourt le globe en
se dirigeant par les mappemondes.

Et moi aussi, j'ai été long-tems
ce philosophe présomptueux qui
créait péniblement des républiques parfaites, comme si des in-
telligences seules devaient les ha-
biter. L'expérience des hommes

et des choses a depuis mûri mes
idées sur cette vertueuse chimère ; je suis descendu des régions
aëriennes pour me mettre en
commerce avec les passions de
mes pareils ; j'ai examiné avec
Solon non qu'elles étaient les
meilleures loix , mais qu'elles
étaient celles dont notre faiblesse
s'accommodait le mieux ; d'après
ce plan , il fallait faire l'essai de
ma haute théorie sur l'état dont
la régénération relevait le mieux
la dignité de l'homme. La France
s'est présentée à mes pinceaux,
et j'ai réfondu ma république.

Mais toute législation n'a par

elle-même, qu'une force d'inertie : il faut qu'un mobile quelcon-
que lui donne sa première impul-
sion, et ce mobile, chez un peuple qui n'est pas neuf, est d'ordinaire une insurrection.

Je vais donc tenter d'exposer
aux yeux du premier souverain de
l'Europe, le plan d'une insurrection qui, née du progrès des lumières, n'aurait eu que la raison
pour agent et pour modèle.

Il fallait d'abord un peuple mûr,
pour ne point rendre non-seule-
ment inutile, mais même dange-
reux, le grand bienfait d'une ré-

génération : car il n'est pas donné
à tous les états de connaître le
secret de leur faiblesse. L'empire
ottoman qui s'est formé avec l'é-
pée, rougirait de se revivifier
avec les lumières ; l'Espagne et le
Portugal, où des loix émanées à la
fois du trône et de l'autel, répri-
ment toujours la liberté de penser, ne sentent pas encore le besoin de s'élever au-dessus de la
fange des préjugés. Une révolution tentée aujourd'hui pour rendre libres Constantinople, Madrid
et Lisbonne, ferait couler des
torrens de sang, et ne servirait
qu'à river de plus en plus les chaînes de ces capitales.

Mais

Mais la France, chez qui Montagne et Charron avaient semé, depuis deux cents ans, les germes de la liberté, était depuis long-tems en état d'en recueillir les fruits. Tout le corps intermédiaire, entre le thrône et la multitude, se trouvait imprégné de ces principes générateurs : ces principes avaient vivifié dans le grand arbre de l'état, jusqu'à de branches parasites, telles que des familles de philosophes dans l'ordre du clergé, dans celui de la noblesse, et jusques dans les parlemens.

La France ainsi préparée à un

grand combat, d'où devait résulter la mort de la liberté ou celle tyrannie : c'était à la partie éclairée à rester en présence devant celle qui se jouait des lumières, observant ses fautes, et attendant, avec la circonspection de la sagesse, un grand délit de la part du parti oppresseur, pour légitimer sa résistance.

Sur-tout, il fallait qu'une multitude aveugle, qui ne raisonne pas, mais qui frappe, restât dans l'arène, spectatrice tranquille de la lutte des deux puissances ; car il était bien évident que, du moment qu'on aurait l'imprudence de lui laisser prendre part dans la querelle, elle se servirait des armes dont elle ignorait l'usage, pour mutiler à la fois les vaincus et les vainqueurs.

Des hommes éclairés, mais sans autres armes que celle de l'opinion, qui se contentent de mesurer des yeux les satellites titrés du pouvoir arbitraire, ressemblent peut-être à ces vieux sénateurs, contemporains de Camille, qui, assis sur leurs chaises curules, attendaient, au milieu des débris de Rome en cendres, que les soldats de Brennus vinssent leur donner la mort : mais ici la scène de carnage n'aura pas lieu. La multitude qui remplit l'arène, imprimera l'effroi sur le front des oppresseurs, et du moment que la tyrannie n'ose frapper, son règne est fini.

Je ne sais si je me trompe, mais cette idée de n'opposer au despotisme que le courage paisible des lumières, de lui montrer toujours la multitude et de ne l'armer jamais, me semble le moyen le plus sublime de conduire un empire, à se régénérer de lui-même, et d'y légitimer une insurrection.

Et si jamais une insurrection

eut besoin d'être légitimée, c'est dans cette France, dont le trône affermi par tant de siècles de possession, semblait à l'abri de tous les orages : qui souffrait moins du cahos de sa constitution, parce qu'elle savait, avec ses mœurs, réfréner de mauvaises loix, et dont le monarque, issu de soixante rois, avait le courage ; malgré une cour perverse, de rester homme de bien.

Pendant cette lutte paisible du pouvoir qui menace, et de la raison sans armes, qui garde son poste sans plier, s'établit peu à peu le dogme, que des édits, évi-

D 3

demment injustes, n'obligent pas,
et que lorsqu'il n'y a que de la
démence et de la férocité dans le
despotisme , il n'y a que de la
vertu dans la résistance.

Le premier acte de résistance
légitime devait partir du sanctuaire des lumières. C'était à
l'homme de lettres, dont une in-
quisition ministérielle cherchait à
réprimer la pensée, à la manifes-
ter avec encore plus d'énergie ;
c'était à lui à conjurer, comme le
législateur de Sparte, contre des
loix qui tuaient la patrie ; c'était
à lui à braver les exils, les chaînes et les bûchers, pour indi-

quer aux générations suivantes, le moyen d'égorger le despotisme et le fanatisme, sur l'autel même de la tolérance.

A cette résistance individuelle devait succéder celle des corps, sur-tout des assemblées imposantes où siégeaient les dépositaires des loix. La France, à cet égard, a des actions de graces immortelles à rendre aux Maupeoux, aux Lamoignon et à cette race odieuse de Sejans, qui punissaient en tyrans la tyrannie de la magistrature. Si ces visirs imbécilles n'avaient pas eu la mal-adresse de provoquer par des violences inuti-

les, la résistance des parlemens,
le despotisme qui s'écroule serait encore debout. Ce sont les
lits de justice, les lettres de ca-
chet contre les sénateurs de la
capitale, et sur-tout le siège du
palais, par le régiment des gardes
qu'il faut regarder comme le vrai
germe de la révolution.

Mais un homme de lettres n'a
que l'empire que donne l'opinion : un parlement malgré son
titre fastueux de cour souveraine,
n'est qu'un conseil de juges dont
le pouvoir émane du trône : ainsi
toutes ces résistances sont encore
loin de constituer aux yeux de la

foi le droit de lutter contre un monarque qui, grace à douze siècles de prescription à sinon la propriété du moins la jouissance de la souveraineté.

Une vraie autorité aux yeux des Français pour légitimer le droit de résistance, était l'intervention de ces représentans du peuple dont les parlemens, dans leurs rêveries orgueilleuses, se crurent long-tems une émanation: il s'agissait donc de diriger l'opinion publique, de manière à faire désirer à tous les citoyens cette barrière du pouvoir absolu. Les philosophes écrivirent : les cours souveraines pour se venger du ministère, se réunirent pour la premiére fois aux philosophes ; la cour qui voyait le trésor royal épuisé, céda, et après un vuide de plus d'un siècle et demi, la France revit ses états-généraux.

Enfin, voilà le droit de résistance consacré ; c'est la réunion de vingt-cinq millions d'hommes qui parle par la voix de ses vrais interprêtes : on ne verra plus d'é- dits bursaux se jouer insolemment de toutes les propriétés ; le minis- tère deviendra responsable de tous les délits du pouvoir arbi- traire, et la nation n'a plus qu'un

pas à faire pour se réintégrer dans
sa souveraineté.

Ce pas était assurément le plus
difficile, parce que douze cents
représentans de vingt - cinq millions d'hommes, ne sont rien, s'ils
n'ont de pouvoirs que pour délibérer, et qu'un roi qui peut
agir, a la force de vingt - cinq
millions d'hommes; mais les lumières, ainsi que la démocratie,
ne s'arrêtent jamais : il faut qu'elles subjuguent tout, ou qu'on les
anéantisse. J'aurais donc desiré
que, grace à l'influence de ces
lumières, il s'élévât une puissance nouvelle, qui, faisant dispa-

raître pour un moment, soit le trône soit les états-généraux, résolut, aux yeux de l'Europe, le problême qui la partage sur les possesseurs légitimes de la souveraineté.

Jamais occasion plus favorable ne s'était présentée pour organiser cette nouvelle puissance. La France allait périr : deux génies tutélaires la tenait suspendue, sur l'abîme ; le roi et les états : mais une cour perverse empêchait le roi de vouloir le bien avec efficacité, et les dissentions des trois ordres empêchaient les états de le pouvoir :

alors

Alors la partie des représentans du peuple français qui avait le dépôt des lumières se chargea seule de créer une patrie à vingt-cinq millions d'individus et voilà l'assemblée nationale.

Voilà, dit l'empereur, un plan parfaitement lié dans toutes ses parties : jamais la philosophie ne conspira avec plus d'adresse contre ce qu'elle appellait les attentats des rois : malheureusement il est démontré que l'ouvrage de la révolution française ne fût jamais combiné d'avance, même par les agens qui l'opérèrent. L'édifice imposant de la nouvelle lé-

Tome III. E

gislation s'est trouvé bâti sans
dessin primitif et sans architecte.

Je le pense ainsi, répondit le
philosophe; jamais Louis XVI,
en convoquant les notables de
son royaume, n'imagina qu'il allait compromettre sa couronne;
jamais les parlemens, qui se
croyaient les tuteurs des rois, ne
pensèrent qu'en demandant des
états-généraux, ils s'exposaient à
voir casser leur tutèle : jamais les
représentans de la nation qu'on
avait rassemblés pour combler l'a-
bîme de la dette publique, n'a-
vaient soupçonné que leurs dis-
cordes intestines, comme états

généraux, les conduiraient à devenir plus que rois, c'est à-dire, législateurs ; mais s'il n'y avait aucune harmonie dans les mobiles de la révolution, il se trouvait une intelligence sublime dans la cause qui organisa ces mobiles. C'était la raison qui, cachée derrière la toile, imprimait par-tout le mouvement qu'elle avait elle-même créé, donnait son ame à une foule d'automates, et distribuait des rôles pleins d'intérêt à des personnages qui ignoraient l'intrigue de la pièce et son dénouement.

Une pareille révolution, sire,

fera époque dans les annales du monde, précisément parce qu'elle ne ressemble à aucune de celles qui nous ont été tracées par l'histoire ; qui sait même si elle ne sera pas indépendante du caprice des hommes , par la raison qu'elle n'a point été imaginée par des hommes ?

Cependant Eponine , depuis quelque tems , observait avec une sorte d'inquiétude , du mouvement dans le corps de garde posté au pied de la montagne : l'empereur à qui elle le fit appercevoir , se disposait à descendre lui-même du kiosque , lorsqu'un de ses ai-

des - de - camp vint le rassurer :
il ne s'agissait, suivant lui, que
d'une cohorte de brigands, can-
tonnés depuis quelques jours dans
la forêt, que les Autrichiens a-
vaient dispersés et qui, en fuyant,
avaient mis le feu à l'hospice où
on avait refusé de les recevoir.

A l'hospice, mon père ! s'écria
Eponine, et les roses de son teint
pâlirent à l'instant.

Le philosophe qui avait alors
les yeux fixés sur l'officier, ne vit
point l'émotion de sa fille ; mais
l'empereur s'en apperçut, et pre-
nant l'héroïne par la main, il la

E 3

conduisit en silence à l'endroit
du kiosque d'où l'hospice se dé-
couvrait le mieux. Un côté du
toit en saillie, fumait encore,
mais il était aisé, malgré l'éloignement, de reconnaître que le
corps de l'édifice avait été respecté par les flammes. Eponine
qui avait la vue perçante de la
jeunesse, et dont la sensibilité
ajoutait encore à la force de l'organe, ne put se dissimuler elle-
même que le danger n'était plus,
et vint avec une sérénité appa-
rente, reprendre sa place auprès
de son père, qui continua ainsi son
rêve sublime sur la révolution
française.

J'ai, sire, exposé à vos regards par quel enchaînement de causes inconnues au vulgaire des observateurs, la raison avait préparé la France à sa régénération : je me suis permis de monter avec vous derrière le théatre, de vous faire observer les ressorts cachés des machines et le jeu des contre poids. Ce point de vue nouveau a paru vous intéresser au spectacle : vous avez été bien aise de juger la contexture entière d'un grand drame, que vous ne connaissiez que par les rôles isolés de quelques acteurs.

Il est bien évident, d'abord

que les lumières sont la cause primordiale de la révolution française ; ensuite qu'elles ont agi avec une unité de plan qui n'était pas dans la tête de ses mobiles ; enfin, que jusqu'au moment où la tête superbe de l'assemblée nationale s'est élevée à la hauteur du trône, aucune goutte de sang versée n'a déshonoré la belle cause des droits des peuples, plaidée par des hommes de paix au tribunal de la raison.

En disant ce qu'a dû être la révolution française, pour avoir le suffrage de l'ami des lumières, j'ai dit à peu-près ce qu'elle a été ; je ne voulais faire usage que des pinceaux de la philosophie , et la vérité m'a mis dans les mains le burin de l'histoire.

Maintenant, un nouvel horizon va se endévelopper à nos regards : nous avons vu long-tems en présence l'armée de la cour et l'armée de la loi : nous ne tarderons pas à les voir se provoquer et se combattre. Alors, la cause des lumières sera profanée : alors, il s'élèvera une barrière immense entre la révolutiou française et celle qu'indiquait la raison.

Il faut être juste, c'est le pou-

E 5

voir absolu, qui, en frappant les premiers coups, prépara sa défaite: rien ne ressemblait plus à un acte d'hostilité, que l'idée de déployer l'appareil militaire devant douze cents hommes désarmés, d'investir de satellites le sanctuaire pacifique des loix et de présenter le phantôme hideux d'un lit de justice devant les sages qui avaient promis de l'anéantir ce délit conçu dans la tête mal organisée du garde-des-sceaux Barentin, suffisait pour amener l'insurrection, et ce qui est d'une bien plus haute importance pour la rendre légitime.

Vous avez vu, sire, ce qui résulta de cet acte odieux d'impéritie : avant même que le lit de justice se tint, l'historien de l'astronomie, alors, à la tête d'une assemblée, qui comptait dans son sein un prince du sang, des cardinaux, des pairs et la plus haute noblesse de la monarchie, la rassembla dans un jeu de paume, et lui fit prêter le fameux serment, de ne point se séparer, que l'ouvrage de la régénération de l'état ne fût consommé.

Ici, j'oserai me séparer de l'assemblée nationale, et en appeler à la postérité, de l'enthousiasme peu réfléchi de mes contem-

E 6

porains ; non, ce serment, tout héroïque qu'il est, n'a pas teuu ce que semblait promettre le patriotisme de ceux qui l'ont prononcé. Faible, dans un sens, ainsi que déplacé, il pouvait, sans servir les peuples, compromettre la cause des lumières.

Il y a une politique pour la raison, comme un machiavélisme, pour ceux qui l'outragent. Or, cette politique ordonnait aux représentans d'une nation qui n'était point encore réintégrée dans sa souveraineté, d'attendre l'attentat du lit de justice pour le punir. Eh quel fruit pouvait

produire une explosion aussi pré-
maturée du parti populaire,
sinon de retarder d'un siècle
l'ouvrage de la régénération ? assurément, si le conseil du roi
avait eu dans son sein quelque
scélérat à grand caractère, tel
que Borgia ou Richelieu, il n'y
aurait point eu de lit de justice :
les satellites qui défendaient les
approches de la salle des états,
auraient investi le jeu de paume,
et les membres de l'assemblée
dissoute, auraient emporté dans
l'histoire le renom de rébelles,
au lieu de celui de législateurs.

Le dirai-je encore ? il y a quel-

que chose de faible dans un serment clandestin, prononcé au
milieu d'un jeu de paume. Si le
despotisme avait attenté, autre-
ment qu'en menaces, à la liberté
de l'assemblée : si elle s'était vue
cassée comme de futiles parle-
ments, avant d'avoir répondu
aux espérances de la nation ; alors,
le lieu le plus abject, qui aurait
reçu le serment des proscrits,
serait devenu le plus auguste des
temples : alors, chaque membre
des états réfugié dans son asyle,
pouvait dire avec le héros de
Corneille :

Rome n'est plus dans Rome, elle
est toute où je suis.

Mais il s'en fallait bien que l'ancien souverain fût aussi terrible, et le nouveau aussi humilié : le trône n'attaquait que faiblement, et comme pour voiler son impuissance de se défendre; tandis que les douze cents représentants, suspects à la cour, mais les dieux de la capitale, sous les bayonnettes mêmes des gardes qui les repoussaient de la salle des états, tenaient encore dans leurs mains les destinées de la monarchie.

Voici, dans ma théorie philosophique, la marche que les députés de la France devaient tenir, avant de prononcer le serment mémorable, qui devait les amener à arracher une patrie au pouvoir absolu, ou à s'ensévelir sous ses ruines.

Il fallait attendre avec la tranquille fermeté de la vertu, ce jour si redouté de la séance royale, s'animant mutuellement à ne point dégénérer du courage calme, mais sévère, qu'ils avaient déployé jusqu'à ce moment, appellant à leur secours l'éloquence connue de leurs orateurs, et promettant d'être tous des romains, s'ils en trouvaient dans leurs interprètes.

Enfin, la séance fatale s'ouvre.

On a fait disparaître les gradins destinés à recevoir le peuple. Les états rangés servilement par ordres, attendent en silence leur arrêt ; le monarque entre, avec l'appareil vulgaire de la grandeur, précédé des princes, des pairs, et des maréchaux de France, se place sur son trône, et fait connaître cette fameuse déclaration, conçue d'après deux esprits différents, ou les droits des peuples se mélangent avec les usurpations du pouvoir absolu, où la couronne fait avec orgueil des sacrifices, où l'héritier de l'ame d'Henri IV, à force de parler le langage de Sésostris,

perd volontairement tout le mé-
rite de sa générosité.

La séance commencée sous les
auspices sinistres du despotisme,
va se terminer, et le monarque,
à qui des conseils dépravateurs
ont fait entendre que les représentants de vingt-cinq millions
d'hommes n'étaient qu'une cour
frivole de parlement, sans dai-
gner les consulter, ni même les
entendre, leur ordonne avec
empire de se séparer.

Ici, l'assemblée prend un grand
caractère, et fait un essai hardi,
mais légitime de sa souveraineté,

» Non, sire, dit le président,
» cette auguste assemblée, que
» votre sagesse a convoquée,
» ne se séparera pas:nous sommes
» ici pour délibérer, et non pas
» pour obéir: la patrie, le pre-
» mier des souverains, nous a
» placés dans ce poste : il faut
» répondre à ses espérances; il
» faut y vaincre le cœur de votre
» majesté, ou y mourir. »

Une grande fermentation s'annonce autour du trône. Les esclaves titrés s'agitent : quelques
hommes sages gardent le silence
de la surprise : le roi regarde
autour de lui, et reste en suspens.

« Sire , ajoute l'orateur, vous
» êtes le roi , suivant le cœur
» de vos peuples , mais des ins-
» tigations perfides ont égaré
» votre facilité ; on vous a sug-
» géré de vous montrer comme
» un despote terrible , lorsqu'il
» vous suffisait , pour vous faire
» obéir , de vous montrer comme
» un père : on vous a fait pros-
» tituer la dignité de votre cou-
» ronne, jusqu'à tenir un lit de
» justice odieux dans le sein
» même de ces représentants de
» la France , chargés par elle
» d'en faire statuer l'anéantis-
» sement. »

Les murmures augmentent, et
quelques membres, assis sur les
gradins, de la noblesse et du clergé,
les partagent : alors, un de ces
hommes inutiles à l'état qui les
soudoye, et qu'on appelle maître
des cérémonies, s'incline au pied
du trône, et interprétant à l'assemblée les ordres qu'il reçoit,
il lui enjoint de nouveau, de la
part du roi, de se séparer.

« Qui es-tu, homme présomp-
» teux, qui oses te placer entre
» le trône et la nation ? apprens
» qu'il n'existe aucun intermé-
» diaire entre Louis et cette
» assemblée, que je préside :

» écoutes dans le silence du
» respect, puisque tu n'es ni
» député ni roi. »

En ce moment, le garde-des-
sceaux se lève, et d'une voix
altérée par la terreur, dit qu'é-
tant l'organe naturel du souverain, il enjoint à tous les députés
de se retirer, sans délai, sous
peine de désobéissance.

« Un garde-des-sceaux, en pré-
» sence des représentants d'un
» grand empire, n'est qu'un
» maître des cérémonies. »

La fermentation autour du

trône est à son comble ; les grands, à qui il importe qu'un monarque soit tout, et que vingt-cinq millions d'hommes ne soient rien, font observer au prince que l'orateur de la liberté est seul ; alors, cédant à leur importunité, Louis annonce que sa volonté suprême est que la séance finisse, et que les ordres se séparent.

« Il est tems, dit le président,
» d'acquitter la dette que j'ai
» contractée envers la monarchie
» entière. Je dénonce au roi
» même, que nous idolâtrons
» tous, un ministère qui l'égare ;
» puisqu'on veut anéantir dans

» son germe le bien que nous,
» méditons, nous mettrons encore
» plus d'énergie à soutenir l'état,
» que le despotisme n'en met à
» le dissoudre : je jure donc
» entre les mains de la patrie,
» qui, peut-être ne vient que
» de naître, que tant qu'il me
» restera un souffle de vie et un
» sentiment de liberté, je ne me
» séparerai de l'assemblée, qui
» m'a choisi pour son chef, que
» lorsque la France entière sera
» régénérée. »

Ici le sénat de Rome est trans-
porté dans Versailles. Les meil-
leurs orateurs du parti-citoyen,
les

les Périgord, les Tolendal, les Syeys, les Clermont-Tonnerre et les Mirabeau, s'élancent à la fois hors de leurs siéges, et prononcent le serment du ver-tueux Bailly, répété un moment après, avec un enthousiasme reli-gieux, par la grande majorité des représentants.

Tel est le serment auguste que la France attendait de ses représentans; il fallait qu'il suivit l'attentat du lit de justice, et non qu'il le précédat : il devait etre prononcé avec solemnité dans la salle des états, et non balbutié avec mystère, dans le réduit obscur d'un jeu de paume.

Voyons maintenant qu'elle a dû être la suite de cette grande confédérarion contre le pouvoir absolu, née d'un acte sublime de désobéissance.

Si la France avait eu pour roi un sultan, et que ce sultan eût eu pour visirs des Richelieu; ce jour-là, l'assemblée nationale était cassée. Les chefs du parti populaire se voyaient traînés dans des prisons d'état, et le président perdait la tête sur un échaffaut.

Le lendemain, la capitale

foyer de toutes les lumières ,
sortait de sa longue lethargie ,
publiait un manifeste en faveur
de la liberté , frappait à mort
les satellites de la tyrannie , et
sur leurs corps sanglants arborait
le drapeau républicain sur les
créneaux de la bastille.

Le lendemain, le despote appellait envain à son secours, un
ministère qui fuyait sa proscrip-
tion et des soldats subjugués par
le patriotisme , qui refusaient
d'obéir : atteint dans la vaste solitude de son palais, par des citoyens armés , qui lui demandaient compte du sang pur qu'il

avoit ordonné de répandre, il capitulait avec ses anciens sujets, et le trône était renversé.

Maintenant adoptons une hypothèse bien plus chère à mon cœur : supposons un prince qui ne craigne point d'être importuné par les lumières ; un prince facile, parce qu'il croit tous les cœurs modèles du sien, mais qui, à la voix de la vérité, préfère le courage qui le blesse, à l'adulation qui l'humilie : d'après ce portrait, sire, où vous pouvez vous reconnaître, ainsi que Louis XVI, vous sentez qu'à l'époque du serment mémorable des représentans de la France, il n'y aura point d'insurrection.

Je me transporte, en idée, à ce moment à la fois brillant et terrible, où le roi ayant ordonné la rupture de la séance, la majorité des états répond, à cette imprudence du pouvoir arbitraire, par le serment de ne pas se séparer. Déjà tout ce qui entoure le trône se lève : les esclaves-nés, soit du clergé, soit de la noblesse, sortent de leur rang, parmi les murmures d'indignation du parti dominateur : alors une voix tonnante, sans doute celle de Mirabeau, s'élévant au milieu du tu-

F 3

multe : « Qu'ils sortent en liber-
« té, dit-il, ceux qui abandon-
« nent la cause publique. Les re-
« présentans de la France n'ont
« besoin ni de courtisans pour
« éclairer le père de la patrie, ni
« de traîtres pour la sauver. »

Une pudeur généreuse retient
un petit nombre de membres des
deux premiers ordres, mais tout
le reste se dissipe : impatients de
s'armer pour punir des hommes
qui, dans la langue vulgaire,
étaient des rebelles, tous dans le
cœur font un serment contradic-
toire que leur bouche n'ose prononcer.

Le monarque debout, mais immobile, restait irrésolu; un beau mouvement inspiré par quelques hommes de génie, détermine la victoire du côté des patriotes: tout à coup les chefs se précipitent vers le trône, et tombant aux genoux de Louis, « enfin, s'é- » crient-ils, la patrie l'emporte : « notre roi nous reste, et le délit « du lit de justice est réparé. »

Le prince attendri, relève lui-même les députés : des larmes généreuses coulaient autour de lui : c'étaient celles des Beauveau, des Montmorin, des Necker et des Malesherbes : Louis

entend leur langage , et va se ras-
seoir sur son trône.

A l'instant des cris de VIVE LE
ROI se font entendre dans toutes
les parties de la salle des états et
on proclame Louis père de la patrie , à l'exemple de Trajan et de
Marc-Aurèle.

Les hommes de génie qui
avaient eu l'adresse , en embras-
sant lés genoux du monarque, de
prévenir une désertion faite pour
compromettre la sûreté de la
monarchie , marchent de triomphe en triomphe : en quittant les
marches du trône pour retourner

à leurs sièges, ils apperçoivent un
vuide immense sur les gradins du
clergé et de la noblesse, et ils vont
le remplir : l'intrépide Mounier
dit , en s'asseyant entre nn la Ro-
chefoucauld et un Montmorency:
« Que toutes les distinctions so-
« ciales, qui jusqu'ici nous ont di-
« visés cessent, du moins dans ce
« sanctuaire de la patrie : nous
« sommes tous également les en-
« fans de Louis : et si, dans la
« grande famille des représen-
« tans de la France, il doit y
« avoir des titres d'aînesse, qu'ils
« ne soyent accordés qu'au cou-
« rage, aux lumières et à la
« vertu. »

En ce moment le président de l'assemblée se lève et s'adressant au roi : « Sire, dit-il, tout ce qui blessait la délicatesse de vos sujets fidèles dans la déclaration de cette séance royale , est anéanti : la distinction odieuse des ordres , parmi des législateurs qui doivent être égaux, ne sera plus une loi fondamentale de l'état : votre générosité connue nous assure que vous ne tiendrez plus de lit de justice pour épouvanter les représentans d'un peuple qui vous idolâtre : ces deux articles contradictoires avec les autres , étaient l'ouvrage de nos ennemis, et j'ose dire de ceux de la couronne :

maintenant nous allons délibérer sur le reste de la déclaration , qui semble plus parfaitement émané de votre amour de l'ordre et de votre sensibilité ; j'aime à croire que votre ame et celles des députés de la nation , se seront rencontrées ; mais quand même toutes les réformes sublimes que vous indiquez , se trouveraient dans nos plans de régénération , il sera doux pour nous de vous en faire hommage et de reconnaître que les loix qui vont sauver la France sont au rang de vos bienfaits.

Alors on se hâta de soumettre

à un examen raisonné les questions majeures de la déclaration
royale, telles que la renonciation
du prince au droit d'imposer les
peuples sans leur consentement,
l'établissement de la liberté de la
presse, l'abolition de la taille, des
corvées et de la gabelle, la sup-
pression des lettres-de-cachet et
des prisons d'état ; enfin, le partage de la monarchie en assemblées provinciales. Toute cette
base du code à former, était déjà
consacrée par les vœux de la
France entière, et ne pouvait
éprouver de difficultés dans l'a-
doption. On forme le décret,
précédé d'un préambule qui respire

pire à chaque ligne l'enthousiasme de la reconnaissance, pour
un roi bienfaiteur, et Louis le
sanctionne au milieu de ces ap-
plaudissemens qui partent du
cœur et qui sont, même pour le
pouvoir absolu, la première des
jouissances.

Cette fameuse séance royale
doit se dénouer enfin pour tous
les personnages : nous avons vu
sortir toute la partie perverse de
la cour, les membres du haut
clergé et de la noblesse qui n'a-
vaient d'existence que par les
places données au nom de leurs
ancêtres. Il avait été aisé à tous

Tome III.   G

ces esclaves décorés de persuader dans Versailles que leur maître était détenu prisonnier dans la salle des états, par un parti de rebelles : à l'instant la maison du roi s'arme, un maréchal de France vient, à sa tête, investir l'assemblée nationale, et entrant avec le garde-des-sceaux, jusqu'au pied du trône, au moment ou Louis sanctionnait le décret de lr liberté, il lui annonce que ses chaînes sont rompues, qu'il va le conduire en triomphe au chateau et qu'il peut faire arrêter les chefs des factieux qui ont attenté à l'indépendance de sa couronne. —

Eh! d'ou sçavés vous, monsieur le maréchal, dit le roi, que le père de la France est prisonnier au milieu de ses enfants ? Qui vous a donné l'ordre d'assieger un lieu ou je réside, et ou tout le monde est à mes genoux ? sortez de Versailles à l'intant, et allés expier dans vos terres, le délit d'avoir fait croire à l'Europe que je pouvais avoir une autre âme que celle des representants de mon peuple.

Et vous, garde-des-sceaux, qui, en qualité de chef de la justice, ne deviez être que

l'ange de la paix, et l'organe
de la loi, vous avez trahi le ministère que je vous ai confié ; je
vous ôte les sceaux, et je vous
exile, tant que cette assemblée
durera, à cinquante lieues de ma
Capitale.

Il est impossible de peindre
l'yvresse de joie et de reconnaissance que dut faire naître ce retour entier de Louis à la philosophie de Marc-Aurele ; des
scènes aussi touchantes se tra-
cent en caractère de feu dans les
âmes sensibles, et ne se décrivent
pas ; c'est-lorsque le président et
les orateurs des trois ordres, trop

émus pour songer à leur frivole dignité, embrassaient les genoux du monarque, que ce prince, pour dejouer toutes les intrigues de sa cour, et se lier lui même au nouvel ordre de choses qui se préparait, proposa aux membres de l'assemblée le privilége de l'inviolabilité, privilége qui quoique très légitime en soi, devait bien plus enorgueillir des hommes généreux, quand il était présenté par le distributeur naturel des graces, que quand il était pour ainsi dire ravi, à main armée, par les citoyens destinés à en jouir.

G 5

Telle dut être, d'après mes principes, l'issue de cette séance mémorable, qui ouverte dans le dessein de consacrer le despotisme, se termina par rendre l'hommage le plus pur et le plus solemnel à la liberté. Le roi revint à pied au chateau, n'ayant ni gardes ni cortège d'Eunuques titrés, comme dans les cours de l'Asie, mais porté pour ainsi-dire, dans les bras de la France, representée par les députés de toutes ses provinces; et avouant que depuis quinze ans de gouvernement absolu, il n'avait jamais été plus roi, que de ce jour, ou la raison avait conquis sur lui une partie de sa souveraineté.

Je ne sçais si je me trompe, mais si jamais un grand empire devait s'honorer d'uue révolution qui le règenere, ce serait de celle que je propose pour la France : d'une révolution que les lumières auraient préparée, qui n'aurait pas couté une seule goutte de sang même à ses ennemis, et qui aurait rétabli une nation dans ses droits primitifs, sans qu'il en coutât à son roi que des sacrifices volontaires, faits pour ajcuter encore à la stabilité de sa couronne,

Voye z, sire, quel nouvel ordre de choses naissait de cette com-

G 4

binaison de prudence et de courage parmi les représentants du peuple français, dans ce que la cour appellait la séance royale et que la patrie aurait nommé la séance du serment.

Le roi qui seul, à cette époque, représentait encore le souverain, reconnaissait dans les membres de l'assemblée, le droit de créer une nouvelle législation : ce qui prévenait la lutte éternelle qui doit s'élever entre un parti populaire qui voudra tout détruire et les anciens partisans de la monarchie qui voudront tout conserver.

Les trois ordres, en vertu de l'adhèsion du monarque, ne délibèrant plus à part, on ne voyait plus la noblesse et le clergé se retrancher derriere le trône, pour rendre inutile le bien que méditaient les restaurateurs de l'état, et se battre contre la nation avec leurs priviléges, avant que la nation décidât s'il devait y avoir des priviléges.

Parmi les membres des deux ordres privilégiés, le grand nombre avait par leur retraite à la séance du serment, trahi la cause publique : mais l'exil d'un maréchal de France, et d'un garde-des-sceaux leur apprenant que le règne des courtisans était passé, on aurait vu ceux a qui l'honneur de préjugé parlait encore, abandonner avec dignité leurs places de représentants et les autres adoptant des principes auxquels ils ne croyaient pas, non moins vils à la tribune que sur les marches du trône, venir disputer, dans l'assemblée nationale, aux plus effrénés démagogues, à qui outragerait le plus la majesté royale, qui semblait ne pouvoir plus les protéger.

Quelles que fussent les combinaisons d'intérêt de ces patriotes

parasites, il en resultait toujours
qu'il y aurait eu une unité de
marche dans les opérations des
législateurs, qui assurait la durée
de leur ouvrage. Le bien aurait
été opéré par des mains moins
pures ; mais enfin c'était le bien ;
et la philosophie ne pouvait en
promettre d'avantage, a un état
que douze siècles d'erreurs
avaient si étrangement écarté de
l2 morale de la nature.

L'avantage le plus grand peut-
être que produisait la séance du
serment ainsi conçue et ainsi
exécutée, était d'amener le res-
tauration, sans ruiner la capitale

G 6

qui en avait été l'instrument, sans faire couler le sang humain et dans la métropole et dans les colonies, sans couvrir les états étrangers de transfuges illustres qui auraient nourri leurs concitoyens, et sur-tout sans dégrader le meilleur des rois par l'opprobre de son entrée au milieu du peuple qui le détrônait. La France comme un Cèdre majestueux, que l'orage avait tenu long-tems courbé vers la fange, se serait relevée d'elle-même aux rayons bienfaisants des lumieres, et elle n'aurait pas été secouée en sens contraire par la violence d'une insurrection.

Au lieu de ce grand bienfait de la raison, une fatalité cruelle...

Un cri d'effroi, échappé en ce moment à Éponine, interrompit les réflexions du philosophe. C'était le feu mal éteint qui se rallumait avec fureur autour de l'hospice, et menaçait d'embrâser la forêt entière. L'empereur, qui lisait dans la pensée de la jeune grecque, avec plus de vérité qu'elle-même, proposa de partir à l'instant avec les soldats qui étaient au pied de la montagne, pour dérober un asyle sacré à l'incendie. Vous l'entendez, mon père, dit Éponine, son cœur fut toujours un sanctuaire

pour les malheureux — et elle
rougit, sans deviner le motif de
sa rougeur.

Le prince descendit le premier
du kiosque, pour donner des
ordres, qui demandaient, dans
leur exécution, la plus grande
célérité. Éponine seule un moment avec son père, mais toujours l'œil fixé sur l'hospice,
desira de voir retracer quelques
traits du tableau, philosophique
de la révolution française, qui
avaient échappé à son atttention,
et le vieillard se prêta avec la
tendresse la plus ingénieuse à
ses desirs; mais malgré ses soins

pour renouer sans cesse le fil de son récit, après l'intervalle des nouvelles distractions, il arriva au pied de la montagne, avant d'avoir pu lier ensemble deux pensées que sa fille pût entendre.

L'empereur attendait à cheval ses deux ôtages ; il avait quitté son cordon, son uniforme de commandement, et vêtu d'un simple habit de soldat, il s'apprêtait à franchir, en un clin d'œil, l'espace qui le séparait de la partie embrâsée de la forêt ; j'ai, dit-il, quelque bien à tenter dans cet hospice, et je veux le faire sans être connu ; vous m'apprenez, par le secret de votre rang que vous me faites respecter, qu'il y a quelle chose d'héroïque à devenir le bienfaiteur de l'homme, et à se dérober à sa reconnaissance. Vous-même Éponine, ajouta-t-il en souriant, si le hazard vous conduisait vers l'infortuné qui a sacrifié sa vie pour sauver la vôtre, ne seriez vous pas bien aise de pénétrer, sans vous faire connaître, un mystère qui importe peut-être à votre repos ? croyez-moi, enveloppez-vous, ainsi que votre père, de ces manteaux d'uniforme ; substituez à votre guirlande de

fleurs ce chapeau guerrier qui
voile votre chevelure, et allons
tous trois en qualité de simples
soldats, combattre le malheur,
et triompher de lui.

Quand le prince arriva à l'hospice, grace au zèle de ses soldats,
qui, en abattant un grand nombre
d'arbres, avaient coupé la com-
munication de l'incendie, l'édifice sacré avait été respecté ;
mais son médecin lui apprit que
le blessé auquel il s'intéressait, à
la vue des brigands qui avaient
assailli la maison, et que sa
faiblesse l'empêchait de repousser,
avait senti sa plaie se rouvrir,

et la fièvre s'allumer dans son sang, de manière à porter le trouble dans son cerveau : il ajouta que le malade reposait en ce moment, mais que c'était un sommeil de mort, dont, sans une crise terrible, il était à craindre qu'il ne se réveillât jamais.

Éponine ne connoissait point son libérateur, et déjà la fièvre, soit de l'humanité, soit de la reconnaissance, faisait bouillonner son sang dans ses veines : elle se fait conduire dans un réduit ténébreux, qu'une espèce de lampe sépulcrale éclairait à peine, et à la faveur de cette clarté funèbre , appercevant au pied d'un lit l'amiral d'Alger qui se couvrait le visage de ses mains , « c'est lui , mon père , » s'écrie-t-elle , —qui , ma fille ? » —lui , mon père , l'esclàve... » et elle tombe presqu'évanouie dans les bras du philosophe.

Le prince , dont ce cri déchirant redoublait la curiosité , tire à part l'amiral dans la pièce voisine , d'où sa voix pouvait se faire entendre d'Éponine , sans que ses regards vinssent la compromettre , s'annonce comme l'ami du philosophe , et achète de ce titre sacré un droit à sa confidence.

Je suis, dit le Musulman, un ancien amiral d'Alger, qu'une intrigue de cour a fait disgracier : cet infortuné est un chevalier de Malthe, qu'un combat malheureux a fait mon esclave, et que sa vertu a rendu mon ami. Nous remontions tous deux un fusil à la main, la rive du Danube, moi, dans la vue de chasser, et mon généreux esclave, dans l'intention secrète de protéger, dans un pays ouvert à toutes les invasions, les jours de la fille de votre philosophe. Après quelques journées de route, nous rencontrames deux turcs, que nous avions sauvés du naufrage , et qui , pour prix d'un tel service , avaient voulu assassiner leurs libérateurs : leurs regards sinistres, leur empresse ment à s'informer par-tout de la route d'Éponine , nous enga- gèrent à les suivre , sans qu'ils s'en doutassent, et à surveiller toutes leurs manœuvres : quand nous ne pumes plus douter que ces scélérats se proposaient de porter la tête du sage et celle de sa fille , dens Belgrade, nous fondimes sur eux l'épée à la main, et pouvant les assassiner , nous courumes le danger de les com- battre : ils tombèrent tous deux sous nos coups ; mais il en a coûté cher à mon ami, d'avoir eu l'ame si belle; il a reçu une blessure profonde, que les désastres de ce jour ont envenimée. Le ciel, qui devait le protéger, l'abandonne, et il va mourir.

Brave musulman, répondit le prince, j'appartiens à l'empereur; croyez qu'il ne verra pas sans intérêt que vous avez fait votre ami de votre esclave; il vous protégera; je me trompe, il vous servira tous deux. Pendant que je vais remplir ici pour vous, auprès d'un infortuné, de tristes devoirs, rendez-vous à l'armée qui assiége Belgrade : vous vous

présenterez ce soir dans la tente
du chef de l'empire avec cet
écrit, muni de son sceau ; à
sa vue, les portes du camp et le
bataillon des gardes, s'ouvriront
devant vous : le prince vous par-
lera lui-même d'Éponine et de
son père : il les estime infiniment, quoique leur naissance
soit pour lui un secret, et malgré
le préjugé qui fait de tous les
souverains d'illustres ingrats, je
lui crois un cœur digne de sentir,
à leur égard, le prix de l'amitié.

Éponine n'avait pas perdu un
mot de cet entretien ; assise au
pied du lit de son libérateur,

absorbée dans ses pensées, elle
tâchait, vainement, de se rendre
compte à elle-même du trouble
de ses sens : elle cherchait son
ame, qui semblait se dérober
au corps qu'elle habitait. Tout-
à coup le malade sort de sa lethargie, la fièvre ardente qui le
consume reporte le trouble dans
son cerveau, et le désordre des
discours qui lui échappent, annonce l'incohérence de ses idées.--
« Ma patrie est donc libre, et
» moi, je meurs esclave, loin
» d'elle!.. Loin d'elle!.... Oui,
» loin de ce cosmopolite, dont
» ses graces et sa raison la ren-
» daient souveraine......... Oh!

» qu'elle est belle, cette révo-
» lution française, qui a rendu
» à l'homme ses droits! J'irai
» chez les morts en faire le récit
» aux ombres illustres des Arrie,
» des Porcie et des Lucrèce....
» Tu ne seras pas parmi ces
» héroïnes, ô toi, dont j'ai juré
» de ne plus prononcer le nom...
» Ce beau nom d'Éponine, de-
» vant lequel toute l'antiquité
» s'abaisse et s'humilie...... Les
» monstres ! Ils ont retourné
» autour de mon cœur, le poi-
» gnard qui le déchire ! Ils m'ont
» empêché de verser la dernière
» goutte de mon sang pour ma

« patrie, d'exhaler mon dernier
» soupir aux pieds d'Éponine. »

Ses yeux étaient restés fermés
pendant cet accès de délire : tout-
à-coup il les ouvre, et croyant appercevoir l'amiral au pied de son
lit : maître, s'écrie-t-il, j'attends
de toi un dernier bienfait, rends
moi ce que j'ai perdu, ou aides-
moi à mourir.

Non, dit douloureusement
Éponine, voilà un spectacle que
je ne scaurais soutenir; ô vous
à qui je suis chère, arrachez
moi de ces lieux, que mon ame,
malgré l'éloignement, habitera
encore long-tems.

Cependant, l'infortuné, l'œil un peu plus serein, la bouche entr'ouverte, écoutait avec un charme inexprimable les sons de cette voix enchanteresse : il l'écoutait encore long-tems après avoir cessé de se faire entendre : l'empereur et le philosophe, qui étudiaient à l'écart le jeu d'une passion naissante dans deux ames vertueuses, firent observer à la jeune grecque que sa voix, comme la lyre d'Orphée, donnait de la raison au délire et une apparence de vie aux ombres de la mort, Ce triomphe de la sensibilité, rappelle l'espoir de l'héroïne : elle se lève avec transport pour

en jouir, et dans ce mouvement
impétueux, le chapeau qui voi-
lait son visage, se détache, et
tombe à ses pieds.

Maître, s'écrie l'esclave, tu
exauces la moitié de mes vœux :
je la vois.... Oui, c'est elle, tous
les feux qui embrâsaient ma tête,
ont passé dans mon cœur... Je sens
à cette heure un calme bien-
faisant ; on dirait qu'un songe
heureux est venu enchaîner ma
fièvre, et suspendre mes douleurs.
Il remplit de charmes les derniers
instants de mon existence fugi-
tive ; puissances du ciel ! Je n'ai
plus d'autre vœu à former, que
de ne me réveiller jamais.

Éponine était dans l'extase ; elle ne comprenait pas la cause de cette douce magie, qui arrêtait, dans un mourant, les derniers principes de la vie, sur le point de s'exhaler, mais elle se sentait flattée d'être l'enchanteresse, par qui cette magie s'opérait. Cependant, le malade en se retournant, pour voir, sans fatigue, sa divinité tutélaire, avait laissé échapper son oreiller : Éponine, dont toute la décence est dans sa sensibilité, s'approche, soulève la tête appétantie de l'esclave, et lui rend son appui Celui-ci, à la vue de cette main d'albâtre, qui lui prodiguait des

H 3

soins aussi touchants , emporté par l'ivresse du sentiment , la saisit avec transport..: Maître, dit-il , pardonne si je profane les dons que tu me fais ; mais si au milieu de ce songe fortuné, je pouvais imprimer mes lèvres brûlantes...... Peut être que le ciel attache à ce remède puissant la fin de mes douleurs : peut être révoquerais-je le vœu terrible que j'ai fait, de ne me réveiller jamais.

Il jette alors un regard sur Épo- nine, qui ne retirait point sa main , mais dont l'œil baissé et une sorte de majesté austère

empreinte sur le front , annonçait le combat de sa pudeur contre
sa sensibilité ; non, ajoute-t-il,
en abandonnant la main de l'héroïne , je ne l'offenserai point
même en songe : j'ai sacrifié une
fois ma vie pour sauver la sienne ;
je la sacrifie encore pour ne point
faire rougir sa vertu,

Éponine ne peut resister à tant
de grandeur d'ame : elle se tourne
de la manière la plus touchante
vers son pêre, comme pour solli-
citer la permission d'être recon-
naissante; ensuite elle livre sa main
aux baisers de l'esclave. A peine
les lèvres de l'infortuné ont elles

touché cette espèce de talisman,
qu'un saug embrâsé se fait jour
au travers de tous les pores de
son corps ; des flots de sueur
succèdent à cette éruption terrible ; le malade affaissé, entr'-
ouvre un œil mourant, qu'il re-
ferme aussitôt, et il tombe éva-
noui, en balbutiant d'une voix
étouffée le nom d'Eponine.

Le philosophe et sa fille, après
avoir épuisé pendant quelque
temps toutes les ressources de
l'art pour rappeller l'infortuné
à la vie, s'arrachèrent à ce spectacle dechirant; pour l'empereur,
il attendit, pour les suivre, l'ar-

livée du médecin et sortit ensuite, s'étonnant des pleurs que
la fin tragique d'un inconnu lui
faisait répandre, lui qui avant la
guerre, contre les Ottomans,
avait signé de sang-froid le manifeste qui allait dévouer à la
mort un million d'hommes.

———

SUITE

DU TABLEAU PHILOSOPHIQUE,

DE LA

REVOLUTION FRANÇAISE.

L'EMPEREUR, en quittant l'hospice, avait eu la générosité d'y
laisser son escorte, afin de servir
à sa défense, et il s'était con-
tenté d'emmener un guide et
deux soldats ; il aurait bien voulu
pendant la route interroger la
pensée du philosophe, sur les
derniers détails de son tableau de

la révolution française ; mais ce
dernier était ttop absorbé dans
sa propre douleur, trop ému du
désespoir de sa fille , pour com-
mander une logique lumineuse
a qui n'avait pas trop de toute
sa raison pour cacher sa sensibilité : ils erraient donc tous
les trois dans l'immensité silen-
tieuse de la forêt , comme le dit
Homere , trouvant bien long le
terme de leur route et craignant
encore plus d'y arriver.

Le prince, entré dans le camp
de Belgrade , n'eût rien de plus
pressé que d'envoyer uu courier
à l'hospice , pour avoir des nou-

velles de l'esclave : quelques
heures après , il en dépêcha un
autre et au bout d'un long intervalle un troisième ; mais aucun
ne revint : au milieu des anxiétés
que causaient des délais dont on
ne pouvait pénétrer la cause ;
se présente l'officier qui avait été
crucifié dans la forêt ; sire ,
dit-il , j'ai une lettre importante
à vous remettre ; comme des
partis ennemis couvrent toutes
les routes jusqu'au Danube , je
n'ai pas osé compromettre la dis
cipline, jusqu'à vous la faire passer
par des soldats de votre escorte
qui m'auraient désobéi , et je
suis parti moi-même, exposant
vingt

vingt fois ma vie pour mériter vos regards et justifier l'usage de cette épée.

La lettre ouverte, se trouva du médecin de l'hospice; l'empereur, qui n'eut besoin que d'un coup-d'œil pour la parcourir, pria Eponine d'en faire la lecture; elle étoit conçue en ces termes :

« Je me hâte, Sire, de rendre
« le calme au cœur de votre ma-
« jesté, ce calme qui n'aurait
« point été troublé sans cette sen-
« sibilité généreuse qui vous rend
« si supérieur au vulgaire des

I

« rois. Le jeune étranger, après
« un songe dont tous ses sens
« ont été ennivrés, a eu une crise
« violente qui met désormais ses
« jours hors de danger ; j'ai voulu
« l'interroger sur la nature de
« ce songe : il m'a répondu que
« c'était un secret entre le ciel et
« lui, qu'une seule personne
« sur la terre était digne d'une
« telle confidence et qu'elle n'en
« serait instruite que quand il ne
« serait plus. J'ai cru d'abord que
« cet enthousiasme mistérieux
« était un reste de la fievre ar-
« dente qui avait porté le dé-
« sordre un moment dans les
« fibres de son cerveau ; mais

« ayant changé d'entretien, j'ai
« reconnu bientôt que sa raison
« était plus lumineuse que
« jamais : il m'a parlé sur-tout
« avec tout le feu du génie,
« de l'insurrection française,
« mettant la même franchise à
« peindre les traits sublimes
« qu'elle a produits et les crimes
« qui l'ont déshonorée : IL RE-
« GRETTAIT (ce sont ses termes
« que je transcris) D'ÊTRE SI
» LOIN DU PLUS SAGE DES HOMMES,
» POUR AJOUTER A CET ÉGARD LE
« TRAIT LE PLUS PITTORESQUE AU
» TABLEAU SUPERBE DE SA RÉPU-
« BLIQUE.

I 2

Eponine rendit en silence cette lettre à l'empereur ; mais elle y ajouta un regard si touchant qu'on pouvait y lire son ame toute entière : l'entretien ayant changé d'objet, elle y déploya toutes ses graces, n'oubliant aucune allusion délicate pour faire l'éloge du prince, sans chercher à lui rendre des hommages, mais aussi sans s'y refuser : laissant couler au gré de la nature ses saillies de sentiment, comme si tout son esprit alors était dans sa reconnaissance.

Quand l'empereur vit que le moment de parler la langue de

la raison , ainsi que de l'entendre
était, arrivé , il mena ses otages
dans l'endroit le plus retiré de sa
tente , et le philosophe à sa prière
renoua ainsi le fil de sa théorie.

Sire, j'ai soumis à vos lumières
le grand principe, que dans tout
état dégradé par la double influence du luxe et du despotisme,
il ne sçaurait y avoir de réforme
stable dans le gouvernement sans
une insurrection.

L'insurrection française, d'après
mes principes, était tonte entière
dans la séance royale du serment, et il n'en fallait pas chercher

13

d'autres : c'est là que la philosophie devait s'énorgueillir de
l'avoir placée ; elle était pacifique
et pure comme la raison dont elle
tirait son origine : elle réintegrait
le corps et les membres du corps
politique dans l'usage de leurs
facultés , sans autoriser la licence,
et circonscrivait la tête dans ses
limites naturelles , sans lui ôter
l'attitude fiere et libre du com
mandement.

Mes vœux n'ont poiut été rem-
plis ; au lieu de cette insurrection
pacifique que tous les partis à la
longue auraient avouée , il afallu
recourir à une insurrection armée

que les vaincus regarderont toujours comme une conjuration de
factieux contre l'indépendance
du trône : ici la crise de l'état de-
vient infiniment plus terrible au
moment de sa régénération ;
voyons cependant si la philosophie fournira encore une ancre
à ce vaisseau, qui, à la vue du
port, se trouve assailli , par une
tempête qui va le submerger.

La séance royale , non celle de
la philosophie, mais celle de l'histoire, se tint, comme l'indiquent
vos manuscrits, avec tout l'appareil du despotisme, sans qu'aucun murmure manifestât l'indi-

I 4

gnation des patriotes ; le refus de ces derniers de se retirer de la salle des Etats, lorsque le monarque en était parti avec le clergé et la noblesse, n'était pas plus fait que le serment obscur du Jeu de Paume pour remplir d'une juste terreur les agens secrets de la tyrannie ; on ne dût regarder autour du trône ces deux démarches, que comme Louis XV, regardait ces frivoles protestations d'un parlement dans un lit de justice, quand ses édits les plus odieux étaient enregistrés : c'est-à-dire, comme des actes mal combinés d'un courage qui craint de se compromettre : aussi ce fut autant par dédain que par faiblesse que la cour refusa de les punir.

Ce fut le réunion inattendue des trois ordres, le passage du duc d'Orléans dans le parti populaire et la fermentation de Paris, annoncée par les explosions irrégulieres du palais royal, qui firent ouvrir les yeux aux fauteurs de l'ancien régime, et les déterminerent à armer des soldats déjà infideles dans le cœur, pour défier des citoyens bien sûrs de vaincre, parce qu'ils combattaient pour leurs foyers et qu'ils sçavaient mourir.

15

Vous sçavez, sire, que ce délit impolitique du conseil de Louis XVI, délit dont le renvoi de l'ancien ministere, n'était qu'une suite naturelle, amena l'insurrection armée, c'est-à-dire, l'obligation de tout ce qui désirait un nouvel ordre de choses, de monter sur la brèche du trône ou d'y périr.

Les lumieres entourerent encore quelques temps de leurs rayons cette insurrection naissante : car le trône d'abord n'essuya de brèche que celle qu'il se fit à lui-même, et les patriotes purent se flatter de vaincre, sans aspirer à la gloire de mourir.

Ici vous exposer, Sire, ce que des hommes formés à l'école de Socrate devaient faire, c'est vous dire ce que les Parisiens ont fait : et j'aime à appuyer sur cet hommage dû à des héros, qui de la fange des voluptés, s'éleverent en un jour à la hauteur des instituteurs du monde; ce serait une jouissance pour moi de n'avoir à parler que des grandes choses qu'ils ont faites et non des crimes où ils ont eu la faiblesse de se laisser entrainer; oui, Sire, et Votre Majesté a dû plus d'une fois s'en appercevoir, c'est avec regret que je rens une justice sévere aux peuples et aux rois.

I 3

tandis que je suis dans mon élé-
ment, lorsqu'ayant à faire mouvoir les agents des révolutions
mémorables, tout mon rôle se
borne à les louer.

Au moment qu'un conseil
d'état prévaricateur, en présen-
tant à la capitale de la France le
simulacre menaçant d'un siège,
réduisit ses habitans à l'état de
défense naturelle, on devait s'attendre de part et d'autre à
toutes les horreurs des proscriptions Romaines, à ces jours de
deuil et de funérailles si bien dé-
crits sur notre théâtre par le rival
de Sophocle, où l'on voyait :

Le méchant, par le prix, au
crime encouragé,
Le mari par sa femme en
son lit égorgé,
Le fils tout dégoutant du
meurtre de son père,
Et sa tête à la main demandant
son salaire.

Mais grace aux lumieres du
corps intermédiaire, qui faisait
mouvoir Paris à cette époque, le
sang humain fût respecté : on
présenta trois cent mille épées
contre la tyrannie, mais sans les
tirer du fourreau.

Cette sagesse, dans le sein d'une anarchie qui semblait faite pour tout excuser, dérivait du grand principe : qu'il n'y a de guerre légitime que celle de défense ; qu'il vaut mieux présenter un front terrible a un ennemi puissant que de l'abbattre, et que si dans les crises des états il y a quelquefois une gloire passagere à vaincre son roi, il y en a une immortelle à se contenter de le désarmer.

Oui la philosophie est de moitié dans le premier essor de l'insurrection parisienne : c'est elle qui insinua à des bourgeois de

venus citoyens, qu'il fallait faire
retentir le mot de patrie aux
oreilles des gardes françaises;
c'est elle qui, lorsque la tirannie
seule se glorifiait d'être armée,
leur fit fondre des balles dans les
églises, et trouver des fusils au
garde-meuble de la couronnne
et sous le dôme des invalides;
c'est elle qui leur persuada que
le premier usage qu'ils devaient
faire de ces armes républicaines
était de protéger la force publique, en dissipant les brigands qui à
l'ombre du civisme pillaient Saint
Lazare et incendiaient les bar-
ieres.

Le dirai-je encore ? C'est la raison de l'être a grand caractère, qui fit imaginer à des hommes dépourvusde tactique, qu'ils pouvaient avec du courage seul, faire tomber les remparts formidables de la Bastille, de ce monument effrayant de plusieurs siècles de despotisme, qu'Henri IV n'avait pas rendu désert, et que la Ligue ni la Fronde n'avaient osé foudroyer.

Pendant que Paris ressuscitait l'Athènes de Miltiade, l'assemblée nationale faisait revivre son aréopage : je ne connais rien d'aussi sage et d'aussi magnanime, que le plan de défense des représentans de l'empire français, dnrant le triomphe momentané du despotisme. Lorsque le vertueux Necker et ses collègues furent exilés, elle ne fit point de manifeste contre le monarque; mais elle déclara à l'unanimité que les ministres que le trône disgraciait, emportaient son estime, et ses regrets; elle éleva une digue terrible contre le torrent du pouvoir absolu, qui ménaçait de tout engloutir, en rendant le nouveau ministere, responsable des désastres publics; et pour convaincre la nation qu'un édit de chancel-

lerie ne suffisait pas pour porter
atteinte à la propriété, elle mit
la dette publique, sous la sauve-garde de la loyauté française.

Enfin Louis XVI revenu de
la longue erreur qui fascinait ses
yeux, eut le courage si rare
de se laisser conquérir par ses
peuples ; d'accorder aux vœux
publics le rappel de l'ancien
ministère, et de partager quelques
moments son trône avec l'assemblée nationale.

Ici se montre, en couleur de
sang, la ligne de démarcation,
qui sépare l'insurrection de la
philosophie, de celle de l'histoire

Paris qui n'avait eu besoin
que d'un jour pour se créer une
patrie, la déshonora en y faisant entrer dans l'appareil le plus
humiliant, son roi, qu'il venait
de subjuguer. Jamais cette nouvelle Babylone ne se lavera auprès de la postérité, de l'opprobre d'avoir traîné dans ses rues,
teintes du sang des Launay et
des Flesselles, au milieu de deux
cent mille épées ennemies et
poursuivi par le silence outrageant
de la multitude, un monarque
qui venait, avec toute la loyauté
de l'ancienne chevalerie, se remettre entre les mains de son
peuple, et qui, si un moment

de faiblesse lui otait le droit à
son enthousiasme, du moins par
la grandeur d'âme avec laquelle
il l'avait reparée, avait un titre
à sa générosité.

Au milieu de cette ville immense, qui s'énorgueillissait d'un
triomphe barbare dont l'histoire
rougira pour elle, un seul homme
avait du courage, et cet homme
était le roi même qu'on osait
dégrader : aucun mot de vengeance ne s'échapa de sa bouche
magnanime ; il s'était attendu, en
quittant Versailles, à une fin tragique et il l'avait quittée ; un
homme de sa cour lui ayant dit

pour l'encourager, qu'il répondait de lui sur sa tête : *Henri IV*, repondit-il, *valait mieux que moi, et ils l'ont assassiné.*

J'irai, sire, bientôt dans cette ville, ou pendant un jour entier tout le monde était roi, excepté le roi légitime ; je lui reprocherai le crime de cette pompe triomphale et si je ne le vois pas expié par ses remords, ma plume accusatrice ira en souiller les pages de ma république.

Voyons maintenant, quelle devait être, au milieu de ces scènes orageuses, la marche raisonnée de l'assemblée nationale.

C'était déjà un bonheur bien rare pour elle, après avoir manqué la fameuse séance royale du serment, de se trouver alors précisément à la même position, à la suite d'un concours d'évènemens bizarres qu'elle n'avait pas prévus, et de crimes odieux auxquels elle n'avait pas cooperé. Il était à présumer qu'elle ne laisserait pas échapper deux fois l'occasion de regenerer l'état sans secousses; il lui suffisait à cet effet d'observer en silence le torrent des évènements qui entraînait la nation; de ne point heurter ce torrent de front, par une digue qu'elle aurait brisée, mais de lui creuser adroitement un lit, pour prévenir les ravages de ses débordemens.

L'assemblée nationale ne manquait pas de lumières ; elle comptait dans son sein des philosophes faits pour mener leur siècle, des Tollendal, des Sieyés, des Bailly, des Cazalès et des Mirabeau.

Elle ne manquait pas de vrai civisme ; et elle l'avait assés manifesté par ses adresses vigoureuses au roi, pendant qu'il était encore absolu : par le dessein hardi qu'elle annonçait de met-

tre la coignée à l'arbre immense
du préjugé, et même par le
serment patriotique qu'elle avait
prononcé avec tant dindiscré-
tion au jeu de paume.

Elle manquait encore moins
de pouvoir, puisque le monarque venait, pour-ainsi-dire, de
déposer sa couronne dans ses
mains, que les peuples ne s'ar-
maient pour l'insurrection que
sous ses drapeaux, et qu'elle
avait étendu jusqu'à des limites
incalculables son droit de tout
oser, en se faisant reconnaître
par tous les partis, sous le titre
d'assemblée nationale.

C'est dans ce moment que les représentants de la France devaient se faire médiateurs entre le roi et sa capitale, et en préparant, de part et d'autre, une combinaison sage de sacrifices, ôter à l'insurrection ce qu'elle pouvait avoir d'odieux, et conserver à la couronne les priviléges sans lesquels un grand état n'offre qu'un vain simulacre de monarchie.

La négociation devait s'ouvrir avec les vainqueurs; car ils étaient les seuls qui, du sein des crimes, pussent donner des loix à leurs représentants : et ces crimes

n'avaient point été commis dans
l'ombre ; les têtes sanglantes des
Launai et des Flesselles se portaient encore en triomphe dans
les rues de Paris, sans qu'on
put impunément détourner ses
regards de ce spectacle affreux ;
sans qu'il fût permis d'honorer de
quelques larmes la fin tragique,
sur-tout du chef du corps municipal, dont l'unique délit était
peut-être d'avoir manqué de
génie, lorsque dans des temps
aussi orageux, avec du génie
même, un homme en place
n'était pas sûr de se dérober au
supplice.

Il me semble qu'il ne devait

y avoir que deux articles fonda-
mentaux, dans le traité de paci-
fication entre Paris et l'assemblée
nationale.

L'un regardait l'organisation de
cette force publique, si essentielle
à tout état qui se régénère, et
sans laquelle le même sort, c'est-
à dire, la destruction attend les
vainqueurs et les vaincus, le
trône, les sujets et jusqu'à l'assemblée nationale.

Malheureusement le parti dominateur dans l'assemblée commençait à adopter une théorie
dangereuse; il se persuadait que
le colosse du despotisme ne peut

K 2

s'abbattre qu'avec des bras vils que personne n'avoue , et il dèshonorait ainsi la cause sublime de la liberté , en l'étayant à-la-fois du génie des philosophes et des crimes de la multitude.

L'autre article non moins essentiel du traité , devait être , de sauver au roi l'opprobre de son entrée dans sa capitale. Il fallait, avec la même fermeté que l'assemblée nationale avait déployée contre le pouvoir absolu, se refuser à ce qu'un monarque qui l'avait fait l'arbitre de sa destinée, exposat ses jours, ou du moins la majesté de sa

couronne , au milieu d'une ville
où la licence populaire était à
son comble ; c'était au retour de
la paix qu'elle devait promettre,
de montrer à Paris le pere de la
patrie, protégé par la force publique et encore plus par l'enthousiasme des peuples qui se
trouvaient libres par ses bienfaits.

Il n'y eut point de congrès ,
pour garantir les droits du monarque et légitimer les usurpations de sa capitale. Les représentans de la nation ne songèrent même pas, le jour de cette
entrée odieuse, à secouer la frivole étiquette des cérémonies, et

K 3

à placer le prince au milieu d'eux, pour lni faire croire qu'une partie des acclamations dont on les ennyvrait à leur passage lui était addressée : ils imiterent en tout l'orgueil des triomphateurs Romains : eux seuls étaient sur le char, et le roi humilié les suivait dans les fers.

L'oubli coupable de l'assemblée nationale de se constituer médiatrice entre Paris et le roi, pour les sauver tous deux, amena en partie les nuages qui couvrent encore aux yenx de la philosophie, la plus belle des insurrections.

Le peuple de Paris qui se

permettait tout, parce qu'il pouvait tout, imagina de nommer par acclamation, un commandant de son armée et nn chef de son corps municipal : ce double choix se trouva par hazard infiniment heureux ; mais il n'en est pas moins vrai que des nominations aussi irregulieres, étaient des attentats contre l'ordre social : que les députés de la France en ne les cassant pas, manquaient à la patrie et que le roi même en les confirmant manquait à la dignité de sa couronne.

A la licence d'élire ses chefs, le peuple joignit bientôt celle de punir ceux qu'un autre pouvoir avait nommés ; l'intendant de Paris et un administrateur du dernier ministère , périrent , comme nous l'avons vu , dans les supplices les plus recherchés , et des scélérats vinrent présenter en triomphe le cœur sanglant d'une de ces victimes au corps municipal, sans qn'aucune voix s'élevât ni dans Paris ni dans Versailles, pour faire informer du délit de ces cannibales.

En même temps , grace au sommeil de la force publique, des nuées de brigands se répandirent dans les provinces , et du

Rhin aux deux mers, on se permit d'incendier les châteaux et d'égorger ceux qui ne portaient pas les livrées de l'insurrection.

La famille de l'infortuné monarque, vainement issu de soixante rois, n'avait pas attendu ce moment pour se dérober aux fureurs populaires; les princes du sang et les chefs de la noblesse, sortirent de la France, après elle, emportant l'or qui nourrissait la capitale, regrettant tous dans le cœur une patrie qui leur échappait, et quelques-uns peut-être se promettant de n'y rentrer que comme Coriolan, en la remplissant de funérailles.

Le livre de l'avenir est fermé
pour l'homme ; à peine l'œil du
génie peut-il en déchiffrer quelques lignes , au travers du nuage
lumineux des probabilités ; mais
il me semble que si, après la prise
de la Bastille , l'assemblée nationale avait suivi la marche simple
et noble que je viens d'indiquer,
si elle avait négocié avec Paris
le retour de la couronne dans ses
droits légitimes et avec le roi libre
encore une sanction auguste
donnée à l'insurrection, on n'aurait point vu renouveller autour
des palais de la moderne Sybaris
des atrocités dignes seulement
des huttes des antropophages

la nouvelle patrie n'aurait
point parmi ses plus illustres citoyens des transfuges à punir et
Paris, jadis la capitale de l'univers,
n'irait pas en se dépeuplant sans
cesse, jusqu'à ce qu'elle partage la
solitude des tombeaux.

Oh! si j'avais été un des représentans de la France, combien
mon ame se serait élevée à l'idée
d'être médiateur entre mon roi
et vingt-cinq millions d'hommes!
car la monarchie entière reposait
alors dans la capitale; avec quelle
énergie de zèle et de courage,
j'aurais travaillé à la régénération
de l'état, quand j'aurais vu que

les hommes dont j'attaquais les préjugés les plus chers, contents de respirer en paix à l'ombre de mes nouvelles loix, s'enchaîneraient à l'ennemi même de lenrs usurpations par les nœuds de la reconnoissance.

Vous voyez, Sire, que le salut de la France a été manqué deux fois par son assemblée nationale ; l'une, lorsqu'à la séance royale, elle oublia de prêter le serment mémorable qui enchaînait pacifiquement le chef et les membres du corps politique à la nouvelle constitution ; l'autre, lorsqu'à la naissance des orages, elle n'imana pas, en voyant à ses pieds le roi et ses vainqueurs, c'est-à-dire, le pouvoir et la force, de les faire concourir par des sacrifices mutuels à la tranquillité générale. Je tremble que de ces deux erreurs ne naissent des troubles innombrables : qu'à l'inertie de l'esclavage sous le despotisme, ns succède une anarchie féroce qui le fasse regretter, et que la nation revenue de son idolatrie pour ses régénérateurs ne finisse un jour par calomnier les lumières qui leur ont fait faire de si grand choses.

Ici succéda un long silence. Epo-

nine, dont l'âme en ce moment
était toute entière dans l'hospice
de la forêt, ne s'en apperçut
point; de sorte que revenue à
elle-même, lorsque le fil de l'entretien se renouait, elle sembla
y prêter l'oreille, comme s'il n'a-
vait jamais été rompu.

L'Empereur sortit le premier
de sa rêverie: mon cher Platon, dit-il, tes principes avaient
commencé à m'allarmer : soit
qu'ils ne conduisissent qu'à la
vertueuse chimère de l'égalité
primitive : soit que malgré notre haine pour tout préjugé, te-
nant toujours un peu, toi à ceux

de la philosophie, moi a ceux de la royauté, il nous fut impossible d'avoir une langue commune, que nous fussions tous deux à portée d'entendre.

Mais la sagesse de tes résultats me réconcilie avec l'audace de ta théorie : je sens qu'à force de vertu, on peut rendre la raison respectable, jusques dans ses attentats contre les trônes ; et que si jamais il s'élevait en Europe une conjuration des peuples contre les illustres infortunés qui les gonvernent, des sages tels que toi auraient le courage de nous protéger, sinon parce

L 2

que nous sommes au rang des rois, du moins parce que nous sommes au rang des hommes.

FIN DU TROISIÈME VOLUME.

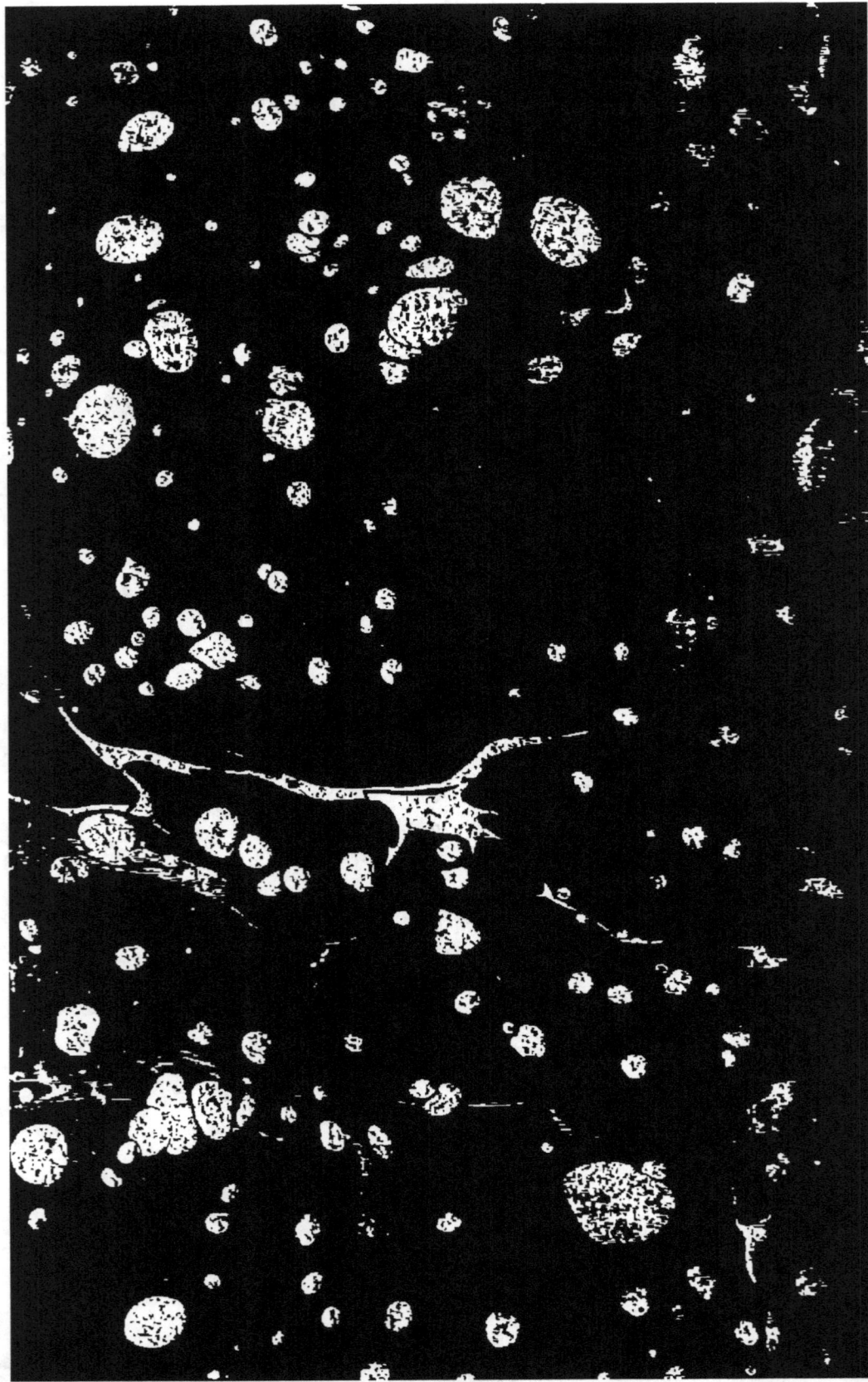

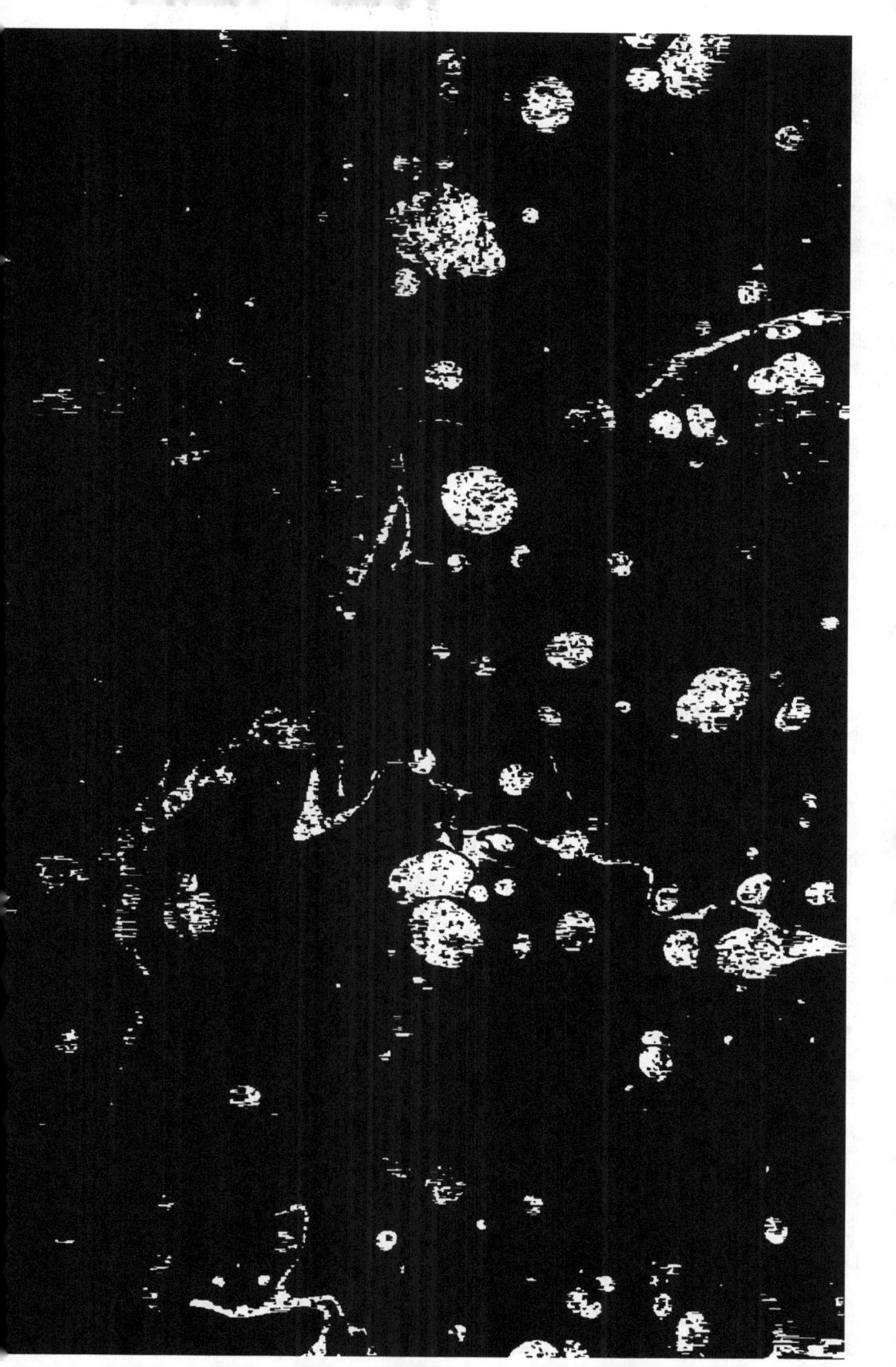

www.ingramcontent.com/pod-product-compliance
Lightning Source LLC
Chambersburg PA
CBHW072228270326
41930CB00010B/2041